阅读成就思想……

Read to Achieve

数字化战略
领先下一轮增长

唐兴通 著

Digital Strategy

中国人民大学出版社
·北京·

图书在版编目（CIP）数据

数字化战略：领先下一轮增长 / 唐兴通著. -- 北京：中国人民大学出版社，2023.6
ISBN 978-7-300-31819-6

Ⅰ. ①数… Ⅱ. ①唐… Ⅲ. ①企业管理－数字化－研究 Ⅳ. ①F272.7

中国国家版本馆CIP数据核字(2023)第109278号

数字化战略：领先下一轮增长

唐兴通　著

SHUZIHUA ZHANLÜE：LINGXIAN XIAYILUN ZENGZHANG

出版发行	中国人民大学出版社			
社　　址	北京中关村大街31号		邮政编码	100080
电　　话	010-62511242（总编室）		010-62511770（质管部）	
	010-82501766（邮购部）		010-62514148（门市部）	
	010-62515195（发行公司）		010-62515275（盗版举报）	
网　　址	http://www.crup.com.cn			
经　　销	新华书店			
印　　刷	北京联兴盛业印刷股份有限公司			
开　　本	890 mm×1240 mm　1/32		版　次	2023年6月第1版
印　　张	7.25　插页2		印　次	2023年6月第1次印刷
字　　数	150 000		定　价	79.00元

版权所有　　　　侵权必究　　　　印装差错　　　　负责调换

推荐序

胡兴民

中国国际自贸区数字经济研究院副院长

eBay中国区前副总裁、麦德龙公司中国前董事

我认识唐老师很多年了。我们都在国内几所顶尖的985高校担任EMBA、MBA课程的老师，所以我经常和唐老师交流，对唐老师深厚的学术功底敬佩不已。数字化是国家正在大力推动的新基础建设，更是各行业不同规模企业共同关注的话题。我有幸提前阅读了这本新书，学到了很多新的知识。我认为这本书值得不同行业、不同部门、不同层级的朋友们拿来学习数字化转型，特别推荐给大家。

这本书中有很多值得学习的内容，以下我分享一些令我深有感触的内容。

首先，关于什么是数字化转型，在我的EMBA课堂中，企业家同学们的答案有一些分歧：一些同学认为数字化只是IT技术的新瓶装旧酒，比如将ERP放在云端；一些同学认为数字化是IT架构的升级，特别是一些软件公司，它们认为钉钉、企业微信、中台系统就是数字化；当然，也有些同学认为数字化是商业模式的升级，但是当你进一步问他们为什么是商业模式转型时，得到的答案却是做

电商、搞直播！如果我们不清楚什么是数字化转型，一提数字化转型想到的都是设备、系统和软件，那么数字化对我们所在企业所能够产生的战略价值就被限制住了。唐老师开宗明义，很好地回答了"什么是数字化"这个问题。他以场景化的视角来定义数字化转型，就是与时俱进地站在网络空间来思考企业或个人，如何在这个与传统场景完全不同的场景中执行工作和为客户创造价值。正如同当人类从农业时代走进蒸汽机时代，所处的场景完全不同，就不能站在"农民"的立场来考虑事情，而当人类进入信息化时代，就不能还是想着蒸汽机、电力设备等，必须想到信息能够创造的价值。现在，人类进入网络空间，在这个场景中出现了大量的新东西，如5G、物联网、移动技术、人工智能、区块链等，这些新技术改变了人们的生活方式。例如，人们出行的方式日益多样化，提供出行服务的企业必须更新思路和方法，想想如何满足网络空间的客户交互和资源对接。同样，人们工作、往来以及企业决策的基础都完全不同，我们必须采取不同的方式了解客户，通过客户偏爱的渠道与他们沟通。这些都是企业进行数字化转型时需要考虑的最基本的问题。我认为，唐老师的这个定义很好地为思考数字化转型提供了战略性指导。

其次，唐老师给出的建议是，数字化的第一步是清楚定义我们所在的行业，他建议不要从产品出发来定义我们的行业，而要从客户需求出发来定义我们在做的事。他以六家企业为例：谷歌看起来是做搜索的，其实它属于网络服务行业；迪士尼是做卡通的，其实属于娱乐行业；亚马逊是网络书店，其实它属于网络基础建设行业；

推荐序

微软是软件公司，其实它是赋能提高生产力；星巴克表面上是咖啡的，其实它是消费者在家庭与办公室之外的第三生活空间。我们可以很清楚地看到，如果企业狭隘地以产品定义行业，就限制了自己的成长空间，只有从满足客户的需求出发，才可能创造出与众不同的价值。正如 2000 年前后，Yahoo、新浪等门户网站迅速击败了传统的报纸和杂志，因为这些纸媒认为新闻一定要通过报纸和杂志传播，而将自己束缚在思想的桎梏中。其实一直以来，人们对新闻的渴望并没有降低，只是承载新闻的媒体因为新技术的出现发生了颠覆性的改变，所以消失的是纸质的报纸，而不是新闻。从我过去 30 多年来在许多世界 500 强企业中担任高管的经验来看，许多企业没法维持基业长青就是因为它们把自己定义为特定产品的生产企业，而忽略了客户真正的需求，所以当有新的竞争对手使用了更好的方法来满足了客户需求的时候，这些企业就被取代了。想清楚你的企业到底是做什么的，你在新的网络时代的数字化方向自然就清晰了！正如唐老师在书中提到的汽车行业，如果你觉得你的企业就是生产汽车的厂家，在新能源革命时代，你还沉醉于极致发挥燃油的动力，而忽略了你提供的是人们在空间移动的解决方案，那么你的企业很快就会被淘汰！

我认为"数字化商业模式设计是企业家或管理者需要做出的最基础的战略选择"是本书最重要的中心思想之一，也是我非常赞同的观点。网络时代的经营模式和场景都发生了变化，我们必须重新审视企业的价值创造、价值交付和价值捕获模式，这些维度的改变也将相应地改变产品、市场、组织和技术，这就是企业数字化转型战略方向改变的基础和源头。

唐老师在这本书中援引了大量国内外不同行业的企业的案例，例如亚马逊如何从书籍零售商转型成为赋能企业网络基础能力解决方案的提供者；星巴克如何通过消费场景与客户交互流程数字化来提升业绩；安德玛如何通过收购来增强其数字化能力并为客户提供更好的服务。目标客户营销（account based marketing，ABM）这个概念尤其值得我们关注。很多人都认为数字化是提高对 C 端客户的服务能力，与 To B 企业好像关系不大。唐老师清晰地阐释了 ABM 数字化的重要性以及路径，其实除了生产端的数字化，To B 企业直接面对的客户是企业，更需要关注与这些客户交互的进展与后续的服务。

最后，唐老师提出，在数字化项目的实施阶段，我们要以敏捷的创新做法来指导项目的推进。我认为这点出了许多企业数字化未能成功的关键，即虽然制订了大计划、投入了很多资金，但这种包山包海的做法往往很难在短时间内看到效果，使股东、管理团队对数字化项目产生疑虑。书中提到的敏捷组织、精益管理与变革，是所有想要进行数字化转型的企业管理者的必修内容。

再次恭喜唐老师的新书出版，相信这本书能够为目前正处于数字化转型困境中的企业带来非常有价值的启示。

前言

数字化战略：不给增长设限

首先，感谢你对《数字化战略》这本书的关注。在这个充满变化与机遇的时代，我十分荣幸能与你共同探讨数字化战略的奥秘。希望你通过阅读这本书，能够获得有关数字化战略的认识，更好地为你的企业规划未来的发展之路。

作为一名商业顾问，我深知数字化对当代企业的重要性。在全球经济日益体一体化的背景下，数字化技术不断发展演化，企业只有紧跟时代步伐，才能在激烈的市场竞争中立于不败之地。在《数字化战略》一书中，我尝试为你提供一个系统化、实用的指南，帮助你更好地应对数字化转型的挑战。

本书共分为两部分。第一部分是数字化战略与商业模式创新，主要介绍了数字化战略的理论框架，以及如何通过创新商业模式来自现实价值创造、价值交易和价值捕捉。第二部分是数字化战略实施与推广，重点介绍了如何将数字化战略落地实施，包括与团队、心智模型和数字化能力模型，以及数字化战略实践工具和指南的使用等。

在数字化战略的实施过程中，我们需要关注技术创新，但更重要的是关注企业的产品战略、市场营销策略等方面。数字化战略的实施并非一蹴而就，需要企业的管理者不断地学习、总结和实施。我相信，在阅读本书的过程中，你一定能够找到适合你企业的数字化战略方案。

在这个数字化时代，我们每个人都是改造者、探索者和战士。我期待你在阅读《数字化战略》的过程中，能够感受到实现数字化的激情与信念。希望这本书能够成为你的数字化新征途中的得力助手，为你的企业描绘出一条充满希望的增长之路。

最后，祝阅读愉快，在数字化方面取得圆满成功！

希望与作者更多交流，请扫描：

目录

第一部分　数字化战略与商业模式创新

第1章　数字化战略与认知

数字化转型是社会的一次大尺度重构　/003

是否理解数字化转型决定你的未来　/006

数字化转型从解决经营遇到的问题与挑战开始　/008

数字化转型的五个常见认知误区　/013

中小企业才是数字化转型的主要玩家　/016

第2章　数字化战略框架与商业模式创新

数字化转型第一步：界定行业与方向　/023

数字化战略下各行业的定位与选择　/027

数字化战略的四个维度　/031

制定数字化战略　/034

数字化商业模式创新：价值创造、价值交付和价值捕获　/039

第二部分　数字化战略的实施与推动

第 3 章　数字化战略落地：从组织与团队、心智模式到数字化能力

数字化转型转什么　/057

数字化转型的三个类型：危机型、反应型和前瞻型　/060

改变心智模式，学会忘记与克制惯性　/064

转变企业文化，打破惯性，推动数字化转型　/069

数字化能力建设是转型的基石　/075

企业数字化成熟的六项修炼　/078

第 4 章　技术创新与数字化战略

5G 与物联网是数字化转型的关键变量与推动力　/086

物联网时代：企业的经营范式　/089

数字化运营体系与区块链技术　/091

数据的所有权、经营权和数据安全　/095

元宇宙时代：AR/VR 应用大爆发　/098

数字孪生：制造业数字化转型技术关键点　/100

第 5 章　数字化产品战略与选择

产品的数字化转型　/110

数字化转型不应只盯着技术，更要从产品哲学开始　/114

产品数字化转型需要产品团队的能力转型　/121

目录

第6章 数字化市场与销售战略实践

数字化时代营销和销售的内核与方向 /128

培养持续输出内容的能力 /133

战略性客户增长与选择 /136

ABM：数字时代 To B 企业营销和销售新范式 /139

数字化客户旅程与消费者决策 /143

数字化时代的销售漏斗与购买决策 /148

营销数字化健康度诊断 /162

数字化时代的营销合格线索和销售合格线索 /165

Martech 与营销自动化 /170

第7章 数字化战略实践工具与指南

用生物进化思维看懂数字化转型 /173

用领导变革理论管理数字化转型流程 /178

用精益、敏捷与设计思维应对数字化转型的不确定性 /186

用种子用户方法论推动数字化转型 /196

创新的扩散有助于数字化转型的巩固 /202

参考文献 /209

附录 数字化战略与实践推荐书单 /211

第一部分

数字化战略与商业模式创新

第1章

数字化战略与认知

数字化转型是社会的一次大尺度重构

也许我们人类正在进行有史以来最大的一次迁徙!

刚开始,我们从海里爬上陆地,过上了采集、狩猎的生活,然后开展了农耕,被限制在特定空间从事农业生产。随着工业时代的来临,人类从田地迁到城市,完成了波澜壮阔的城市化进程,前后持续了近200年。

这一次,人类正在完成的是从物理空间到网络空间的迁徙,或者说人类想要打造一个物理空间与网络空间并存的社会。这就是数字化转型的历史大背景。

你可以这样简单地看待数字化转型：政府运用网络技术进行管理和服务被称为电子政务；人与人在网络空间中互动和交往形成了社交网络；知识在网络空间中流动和学习被称为在线教育；网络空间下的资源配置与货币流动被称为数字金融；人们在网络空间中进行的商业交易和活动被称为电子商务；网络空间中的商业信息传播被称为数字营销；网络空间中的红娘被称为交友和婚恋服务平台。

从传统社会过渡到数字化社会可能需要几十年甚至上百年的时间。许多普通人可能并不清楚自己正身处这样一个社会变革的大背景中，金融、零售等行业的从业者可能也没有真正理解从物理空间迁徙到网络空间的过程对他们意味着什么，因此往往看不懂这个过程带来的失范、无序和焦虑。很多人只是简单地归因于互联网，而这其实是社会范式的转变。

环境的变化使游戏规则发生了改变。传统社会中的游戏规则到了数字化社会可能会失灵，人们之前所构建的世界观和人生观在数字化转型时代可能需要刷新、重新验证，甚至是重构。

如果你想在接下来的30年至50年的社会竞争中获得有利位置，并且更好地创造价值，那么最关键的是要尽快熟悉数字化社会有关政治、经济、社会、商业等的游戏规则，并按照这些规则锻炼自己的核心能力。

当然，很多人会说，我会使用微信、抖音、淘宝，我会看视频、网上购物，是不是就掌握了数字化社会的游戏规则？在我看来，这最多算是学会使用数字化应用的基本行为。

我们来打个比方：你原本住在内蒙古大草原上，你会骑马，也就是说你有骑马的能力。但现在，突然你搬家到舟山群岛的一个小岛上，在这个小岛上生存需要你会摇船、会捕鱼，也就是说你要有摇船和捕鱼的能力。现在是网络空间与物理空间并存的数字化大时代，我们都无法逃避。在时代变革的背景下，我们应该积极拥抱和洞察数字化社会的游戏规则。

流动的是技术，是空间，但不变的是人性。我们在物理空间所掌握的能力、行为在网络空间中基本上都有相关的映射。例如，很多小店原本会在门口放置招牌或者广告吸引客户到店，而在数字化转型时代，店主们会开直播、做短视频。这些线上行为和线下行为其实在本质上是一样的，只不过换了空间来吸引客户而已。再如，很多人改装自己的汽车，使发动机的声音变得很大，这与网络直播间的主播们用美颜相机和滤镜修饰自己的本质是一样的，都是人性行为。在线下请人吃饭、搞好关系是社交，人们在网络上的互动也是社交。如何给别人的朋友圈点赞、写好评等是你必须好好学习并具备的能力。如果不掌握这些能力，你在数字化时代的社交可能就会遇到障碍。

一旦你理解了数字化社会的游戏规则，你就可以获得更好的位置，当然也会获得更好的回报。

是否理解数字化转型决定你的未来

请你来做个选择题。你的孩子大学毕业时面临以下工作选择，你会给出什么建议呢？

A. 银行分 / 支行的工作人员

B. 地方电视台的工作人员

C. 中学老师

D. 国家电网的工作人员

你做出选择的依据是道听途说的福利待遇，还是这份工作带来的未来机会？要做出明智的选择，你就需要理解数字化时代的新社会分工。

如果我们能理性地剥离一些所谓的伦理道德和政治因素来考量，其实，这四份工作在本质上是同一个角色，即中介和渠道。

在商业体系或者社会体系中，一端是生产者，产品既可以包括物质产品，也可以包括教育等各种服务；另一端是消费者。在产品从生产者抵达消费者手中需要中介或渠道，既可以是客户经理、中小学老师、汽车销售人员等，也可以是银行的分 / 支行和国家电网等机构或组织。社会分工的出现主要归因于传统的时间和空间的限制。

在农业和工业时代，受到时间和空间的限制，必须要有一定的组织或者个人来扮演这样的中介或者渠道角色。但随着数字化时代的来临，时间和空间的约束逐渐被打破，这也是元宇宙、人工智能、物联网等科技应用的典型特征。而且，随着技术的迭代更新，打破的尺度会越来越大。技术进步的结果对所有传统的、基于时空所构建的组织及其核心能力而言都具有摧毁性。

老师是人类灵魂的工程师，是传递知识的中介。受到信息流动的时空限制，知识和信息的传播需要大量教师。在数字化时代，时空变量被压缩，尤其是随着虚拟现实、增强现实等技术的流行，孩子们只需要接入互联网、佩戴元宇宙的装备，就能够高效获得各个学科的顶级学习资源。许多老师若不能积极地提高自己的教学水平，在未来大概率会遭遇改行挑战，这个趋势谁也阻挡不了。

我们要接受现实，不应以传统思维看未来，而更应以数字化的眼光看待当下的工作。如果我们不能更好地理解整个世界运行的逻辑和游戏规则，那么我们的人生，尤其是在我们做出人生的战略性决策时，可能会有极大的偏差。

我国这几年数字化转型的进程很快，我认为主要原因有以下几个：（1）中国互联网及相关从业者具备创新与实践精神；（2）国家有政策性引导；（3）我国通信及相关数字化基础设置非常扎实。

我国的数字化转型对世界的影响正在逐步呈现，而且经过多年的实践，我国正在为世界各国输送数字化发展经验和相关专业人才。另外，数字孪生技术整合了来自人工智能、软件分析、机器学习的数据来构建数字仿真模型，以数字的方式为物理对象创建虚拟模型，模拟工业的运行，这就使我国的工业大大接近甚至超越了在大工业时代西方工厂百年来靠人工口耳相传所积累的工业品制造知识、工艺和经验，让我国的制造业赢得了数字化时代的竞争优势。

农业社会关注的是土地与劳动力；工业社会的核心是钢铁、石油；而数字社会的核心是数据与知识。简而言之，数字化转型的核心逻辑是让国家与组织内外部的数据资源流动起来并被应用，以解决现实问题，创造社会价值，赢在未来。

能否建成数字化社会是未来百年国家、地区、家族能否兴盛的一个最关键的变量，因此数字化转型的游戏规则值得深入探究。

数字化转型从解决经营遇到的问题与挑战开始

数字化是为社会与顾客创造价值的工具。

金融业如何面对数字化转型

数字化转型是用来解决问题的，那么金融业数字化转型的方向是什么？

目前，我国金融业的数字化转型遇到了以下几个问题。

第一，金融科技概念把银行从业者带偏。银行从业者更多地停留在技术思维层面,而没有认清重点在于数字化转型。你会发现,金融科技交付了不少硬朗的带有工业风格或机械风格的金融数字产品,其中不少产品让人瞠目结舌。当你在使用某些银行的 App 和相关平台时,你很快就能明白。

第二,数字化被宣传得神乎其神,基层却很怀疑。高管讲起金融科技、数字化转型头头是道。但如果你到一线看看,基层员工的心智模式没有变,金融服务行为没有变,只是多了一堆数字化转型的赋能工具,但很少有人会用,这些工具更多地成了约束与限制。

第三,客户经理正面临数字化转型的挑战。虽然风控以及相关的基础设施建设很重要,但是我国各省市的分行更多的是由市场驱动的。

我国金融产品的销售更多地依赖于每个省市支行,依赖于客户经理(大堂经理、零售经理、信贷经理、理财经理、对公经理等),但是目前他们直接面对消费者的营销能力较弱。

全国超过 100 万名金融客户经理正面临数字化转型的挑战。未来,他们将可能面临以下三个挑战。

- 被淘汰或者自己主动离开。
- 从简单的金融产品销售角色转化为金融专业服务人员。这就需要他们积极学习个人理财、家庭资产配置、企业融资融券以及其他相关的专业金融知识。

- 用数字化的技术武装自己,提高单兵作战能力,优化个人的人效比,以更有效地开拓新客户,维护老客户。这就是数字化赋能。新加坡的星展银行、美国的嘉信理财等金融企业的销售经理、客户经理都已经成长为知识服务型人才。

网点和客户经理的数字化转型是中国金融业数字化必须要打的一场最硬的仗。

第四,产品与服务创新性弱。产品缺乏创新,研发者并没有站在用户的角度思考问题,不主动寻找增长机会,更多地期待政策红利和保护。银行业可以通过数字化、科技化、敏捷化、碎片化来获取更多的金融服务的需求,帮助这个社会变得更美好。从具有中国特色的社会金融需求出发来构建数字化创新,解决之前碍于人力或流程无法覆盖的问题,这是未来唯一的可选项。

第五,知识提炼和流动管理能力差。过往,银行并没有让知识和经验实现数字化,没有有效地提炼行内资深员工的经验和知识,以此来让更多年轻人快速成长。

面对数字化转型,企业最好的应对方式是站在未来看当下,构建数字化时代新的核心能力与经营范式。银行要成为一个知识的共同体、知识的生产机构、知识的经营机构,学习如何能够将外部的知识、内部资深员工的经验等结合和流动起来,并通过数字化知识库的建设激发组织的创新和经营管理能力,为获得数字化时代的竞争优势打下坚实的基础。

电信运营商如何开启数字化转型之路

中国移动、中国联通、中国电信等运营商的数字化转型如何开启？目前看，它们在数字化战略落地方面遇到了极大的挑战，刚刚从认知落实到行动。它们面临以下三个挑战。

第一，5G时代，盈利模式有点懵！社会上都在喊5G与物联网时代来临，目前来看，业界还没有成熟的商业模式出现，各企业似乎仍未找到适合的盈利模式。盈利结构中流量收入的天花板已经很明显。至于万众期待的云、边缘计算与算力网络的销售业务还不成规模，仍处于积极探索中。这就给电信运营商带来了一种恍惚感，未来可持续增长的边界和增长的方向尚未可知。

第二，政企与信息化业务，缺乏核心的数字化能力。为了更有效地获得增长，电信运营商都有意在智慧城市、政企服务、信息化等业务上下赌注。例如某运营商实施了云改数转战略，但是碍于之前外包成习惯，效果差强人意。

过去，运营商网络通信外包、网络维修外包、销售外包、技术外包、员工外包，所以时至今日，运营商在为政企提供信息化业务解决方案的能力以及软件技术整合和开发等方面的能力都有待提高。

第三，盈利指标有挑战。随着国家开始考核央企的业绩增长情况,目前各运营商都面临盈利增长的极大挑战。

我们可以看一下运营商的利润产生结构。它们的收入主要来自手机话费、上网费、宽带费以及相关服务费用,这部分属于相对成熟的存量市场,增长受到一定限制。它们的成本包括网络通信服务租赁(铁塔)及维修成本、员工工资和运营成本,以及市场和销售成本。

国家用利润来考核运营商的业绩增长。铁塔租赁成本、员工工资都有上涨的趋势和环境、社会和公司治理(environment, social and governance,ESG)要求。因此想要增长只能寄希望于收入快速增长,或者市场和销售的成本压缩。目前来看,如何既能实现高质量的发展,又能获得持续的增长,运营商在数字化转型上还没有方向。

根据我的经验,运营商要想实现数字化转型,接下来需要在以下三个方向上突围,寻找增长路径。

第一,探索数字化新商业模式,要持续探索并找到一种新的稳定的收入增长模式,适合这个体量的公司的中长期发展。关键在于如何能够成为5G和数字时代信息社会的加油站,收入应更多地来自售卖算力网络。一场决定未来的战争需要运营商在能力、战略、人才、投入等多方面投入。

在工业时代,加油站是中石油和中石化;而在数字社会时代,数字加油站应该是中国移动、中国联通和中国电信等电信运营商。

第二，只有促进运营商创新、刷新组织文化，才能够保证企业具备数字时代持久的竞争优势和核心能力。薪酬、人才培养等很多原因造成国有企业的固化与老化，运营商需要在未来下大功夫解决上述问题，但是这也需要时间。

第三，营销与销售的自动化、数字化，如何以低成本更高效地获取和维护客户。正如彼得·德鲁克所说，企业的核心功能是创新与营销。运营商在中长期必须持续提高能力，重塑营销服务能力。

也只有这样，中国移动、中国联通、中国电信等电信运营商才能在数字时代的社会分工中真正拥有自己的竞争优势，否则空有其表。

没有完美的行业与组织。只有认清形势，找准努力方向才是关键！

数字化转型的五个常见认知误区

许多企业的高管和董事会非常渴望通过数字化转型来获得效率、创新和竞争力。根据我的经验，那些没有想透彻、毫无章法的数字化转型都会适得其反。

转型的痛苦不可避免。作为数字化转型战略顾问，我一直都在关注新技术采用和数字化转型的实践情况。我经常会听到企业用"颠覆式变革""空前规模""全面数字化"等类似的词语来表达转型的决心，看起来要"彻底变革"企业，并"颠覆"整个行业。但是当我走访高管团队、询问他们的战略转型关键细节时，我却发现，他们存在的困惑呈现出共性。他们常常存在以下五个认知误区。

第一，公司的每个流程或业务模式都需要数字化转型。数字化转型不是软件升级或供应链项目改进，而是为了应对可预期的数字化冲击，构建一个合理的新的运营模式。

企业在面对数字化转型时需要诚恳地评估自己是否能够将业务流程数字化、模型化。由于中国市场和行业的特征，很难轻松、简单地将所有业务流程进行数字化转型，但可从特定的模块开始。不能为了转型而转型！

第二，数字化转型必须盯着高精尖或者"颠覆性"技术。数字化转型技术更多的是常规技术的组合式创新，并不是技术越高精尖越好。

不少朴实的管理者一直在寄希望于抓住下一项新兴技术，以完成数字化转型。那些对特定行业真正具有意义的"下一波浪潮"往往难以预测。人工智能、大数据、区块链等看起来是风口，但如果没有数字化管理的新范式和保证，企业很难抓得牢、接得住。

第三，只有那些盈利的公司最有可能实现数字化转型。事实恰恰相反，反而是那些主动、迫切想改变的企业或者被逼到悬崖边的企业更易成功实现数字化转型。怀揣使命、在数字化转型中勇于尝试的公司更有机会改变自己；那些运营成功的公司往往对变革心存疑虑。不妨试想一下：在没有市场压力的情况下，有多少成功的公司会主动变革其商业模式？转型和变革是昂贵、耗时、痛苦的！当数字化转型进展缓慢或步履维艰时，项目推动者极易成为公司内部政治斗争的靶子。

第四，头部企业转型往往比别人更快一步。其实，数字化转型这种变革很少从头部企业开始。那些处于头部的企业，经常口头上不痛不痒地倡导创新和数字化转型，却很少成为行业创新变革的坚定执行者。

从经验来看，行业颠覆者往往是改变游戏规则的初创企业。独角兽企业则往往用数字化武装那些传统到不能再传统的行业，如美团、爱彼迎（Airbnb）、滴滴、亚马逊等。

第五，企业管理层都渴望数字化转型。其实真正想要推动数字化转型的高管少得可怜，尤其是上市公司的高管。公开、持久、坚定的支持比我们想象的要困难很多。有些高管会对那些可能影响他们在公司地位的转型心存疑虑；有些高管可能会在了解了数字化转型的复杂性后直接退缩，他们尤其担心一时看不见效果。高管们拒绝改变，极不愿意调整那些已经被验证且一直源源不断为股东创造财富和稳定业绩的商业模式。

数字化转型之所以不易，是因为需要跨越范式！重塑范式是一项系统性的任务，一切才刚刚开始。

中小企业才是数字化转型的主要玩家

不同国家、不同经济发展阶段、不同行业对中小企业的界定标准不尽相同，而且标准会随着经济的发展而动态变化。一般而言，可以从质和量两个方面对中小企业进行定义：质的指标主要包括企业的组织形式、融资方式和所处行业地位等；量的指标主要包括雇员人数、实收资本、资产总值等。

近几年，由于劳动力、资金、原材料、土地和资源环境成本不断攀升，人民币总体处于升值通道，我国已经逐步告别制造业低成本时代。对于依赖成本驱动并处于全球产业链低端的中小企业而言，做实业变得越来越难，特别是面对发达国家再工业化的新趋势，中小企业将面临新的冲击。它们的资源有限，这可能会阻碍它们开展数字化转型。中小企业应认识到数字化转型是手段，目的是更好地借用数字技术来为顾客创造价值；应主动提高自己的数字化能力（数字化技术、数字化营销、数字化运营），加强数字化基础设施建设。

中小企业在数字化转型时面临的挑战

数字化转型需要从根本上改变企业创造价值与收入的模式。

身处复杂不确定的年代，企业需要应用灵活的管理模式对抗竞争，快速满足客户不断变化的需求，构建数字化运营模式，扩展数字化柔性供应链关系。数字化尤其是互联网，在设计、制造、营销、销售等功能层面的应用，都是建立在基于数据的管理模式之下的。

数字化转型不应只被视为技术飞跃，运营管理也不应只关注软硬件系统问题。这是企业的制度和运营生态系统基于新业务和新思维方式的调整，是企业试图通过数字化元素跟上数字化社会转型的步伐。数字化转型的背后是一个更加灵活的商业模式的应用。只有运营能够遵守变化后的竞争规则和要求，那才是正确的选择。

麦肯锡公司认为，数字化转型是对技术、商业模式和流程的重新安排，以确保企业在不断变化和发展的数字经济中为客户和员工提供新的价值。

数字化转型的速度实际上是由消费者的需求决定的。数字化转型可使产品从设计到制造的周期缩短、市场进入周期缩短，以快速满足消费者需求。数字化运营使生产力实现了增长并降低了成本。

有些经典的商业模式正在消失，取而代之的是灵活、即时变化、实时响应消费者习惯和基于主动学习知识的商业模式。

中小企业数字化转型应重点关注技术落脚点

各领域的创新，如物联网（IoT）、3D打印、人工智能、增强和虚拟现实、区块链、云计算、大数据等加速推动了数字化转型。我认为，中小企业应密切关注以下几点。

第一，中小企业尤其要关注 IoT、传感器技术（ST）。创新是经济增长的关键，它让技术更便宜。技术和创新促进国家经济发展。数字技术能使中小企业以相对较低的成本进入全球的市场和知识网络。

我一直认为中小企业不必跨大步整合豪华团队，更应该积极应用成熟的软件和平台来满足行业诉求。

操作技术（OT）、ST 技术是制造业数字化中最关键的一步，不只涉及数据采集、数字孪生、数据驱动等，更是一切数字化经营的基础。

IoT 是一种基于互联网技术，实现设备之间数据传输的网络。它由从简单传感器到智能手机与可穿戴设备等之间的互联设备组成。通过将这些设备与自动系统相结合，可以帮助具有特定职责的人收集信息、分析或创建活动来学习过程。IoT 允许相互链接的 IP 地址发送和接收数据，因此这些设备能够与其他网络设备和系统发生通信（如实时数据收集、监控、决策和流程优化等）。

第二，对中小企业而言，数字化转型应该秉持务实、先生存再发展的策略，积极利用电子商务、社交媒体、短视频、直播等平台开展商业实践。

互联网为数以百万计的日常在线交易和通信提供了各式各样的平台，中小企业应积极利用这些平台来完成分销、销售和交付商品和服务。

数字化转型促进了"天生全球化"小企业的出现，并为中小企业提供了通过产品或服务创新和改进，提高其在本地和全球市场的竞争力的新机会。

第三，中小企业经营应善用大数据、人工智能、区块链技术。

这三种技术的壁垒比较高，大部分的中小企业很难拥有完整的团队、掌握核心算法、具备相关的应用能力。很多中小企业因为不懂，常常害怕和拒绝参与数字化应用竞争，所以它们应该考虑的是如何有效地嫁接，在探索中去发现如何在特定业务、产品或服务上应用新技术，以实现经营成本、生产效率、客户服务等众多方面的价值，并超越竞争对手，更好地为顾客服务。

中小企业数字化转型的五个关键问题

1. 数字化转型谁负责？工作分工问题。转型必须由创业者或管理者领导，他们需要对企业的现状进行分析，以识别挑战、风险或变化的客户需求。

拥有分析需求习惯的中小企业能够清晰地定义可衡量的目标。管理层要搞明白数字化主题以及哪些新技术可以做出贡献，并探索新的商业模式，而不只是提供精神支持、口号或者培训等。

2. 中小企业构建学习型文化对于数字化转型至关重要。世界正在以前所未有的速度变化。企业需要有熟练的员工，需要培养现有员工提高能力，需要构建组织动态能力策略清单并发现差距，需要向华为、阿里巴巴、腾讯、亚马逊、特斯拉等企业学习，积极参与到竞争中。当然，也要考虑雇用掌握数字技能的人员（如IT专家和数字运营专业人员等）。

3. 定义业务目标或数字化转型的简单路线图。基于数字化转型策略，定义与数据技术有关的目标（涉及时间、财务、空间和质量等），分析现有的商业模式、客户需求、数字化评估和期望，设定能力发展目标，收集数字化转型的最佳实践，设计数字化商业模式选项。

4. 培养数字化意识，创建支持性组织环境。没有数字化转型战略的企业当然也没有数字化能力。这些公司尚未提供任何数字产品或服务，且缺乏对数字化转型需求的整体组织意识。它们如果不积极行动，未来大概率会被淘汰！而那些具有数字化意识的企业能够将从试点实施中获得的经验整合到局部战略中。随着数字化意识越来越强，支持数字化转型的文化将在企业中生根发芽，盈利能力和试点实施的效果将被评估，并用于制定企业的整体数字化战略。

5. 积极与第三方（如创新组织、研究机构等）开展合作。中小企业应主动了解当前行业和市场趋势，并根据最佳实践、案例展示理解游戏规则，积极参与实践，在实践中磨炼团队。

中小企业数字化转型的目的是通过引入数字技术重新设计组织业务，实现生产力提高、成本降低和创新，关键词是务实有效。各企业在数字化转型过程中的需求可能会有所不同，对数字化内容应做出适时的选择。

第 2 章

数字化战略框架与商业模式创新

　　线下零售难吗？数字化时代出路在哪里呢？我们先以孩子王为例。

　　孩子王成立之时，互联网购物节"双十一""618"正在席卷整个零售业。孩子王团队选择母婴线下零售作为起点，周围人都劝说他们放弃。创始人汪建国接受采访时候说，他在南京拜访了所有百货店，从总经理到柜台组长，没有一个人说（母婴）线下是值得干的。

　　孩子王团队根据商业模式和战略定位方向重新界定了其目标：以客户关系为纽带，以场景、社群、内容（育儿服务）、联结为抓手，重塑数字化新零售。例如，孩子王的各大门店每年要举办近1000场的线下活动；每家门店里都有国家认证资格的育儿顾问，全国共有超过5000多名，任何一位会员都有专门的育儿顾问负责跟进，他们可以通过在线、实时工具、电话方式跟育儿顾问互动、咨询，育儿顾问会随时满足他们的需求；不仅有专业团队一直在不断地生产亲子相关的内容，而且每家门店都有当地三甲医院退休的妇产科医生坐诊。

从 2016 年开始，孩子王挺进大服务战略，除了商品还有"成长+"业务，公司希望联合众多的合作伙伴，为更多的家庭提供服务。

从 App 商城、App 社区到小程序、微商城、公众号，孩子王不断地增加与会员接触的途径，让会员随时可以找到服务和商品。数字化育儿顾问的背后有数字化工具的支持，他们通过使用会员营销管理工具"人客合一"，可以了解会员的信息及其需要的商品和服务，不断提高工作效率。

孩子王不断地用数字化工具提升管理效率，管理层可以实时在手机上看到门店的经营情况。在大促时，他们可以实时地在这些数字化工具上看到最新情况以及转化率、每张优惠券的使用率以及毛利率等情况。

那么你该如何进行数字化转型呢？

数字化转型第一步：界定行业与方向

面对智能商业、新消费文化、中美博弈、新兴商业形态不断衍生等众多变量，很多企业在选择数字化转型路径时非常迷茫。

要拨开云雾，首先要定义企业所属行业。如果企业能非常清晰地界定所属行业，那么在面临数字化转型的时候，其战略定力与方向感就会非常强。

定义行业就是锚定用户需求

定义行业与方向并不是企业的自嗨行为，首要原则是能为社会和用户创造价值。换个说法就是本没有所谓的行业，有的只是源源不断的社会和用户需求；越接近底层需求，行业越有生命力；用户需求的量级就是行业的市场规模。重新定义行业其实只是将产品与服务所满足的需求进行了相应的延伸拓展或者规模化。

可口可乐有过一次经典的战略大拐弯。当时，可口可乐公司前董事长郭思达（Roberto Goizueta）刚上任。在经过内部访谈之后，他发现公司内部有两大阵营：一大阵营是骄傲自豪派，他们认为可口可乐在全球的市场占有率是35.9%，排名世界第一，而且远远超过了百事可乐和七喜；另一阵营是悲观彷徨派，他们认为可口可乐虽然连续几年都实现了全球第一的市场占有率，但近几年的增长速度在下降，他们已经看到了增长的天花板，甚至连华尔街的证券分析师们都已经在为可口可乐唱挽歌了。

想要获得增长，传统公司会习惯性地加强攻势，进一步从市场竞争对手那里夺走更多的份额。但郭思达认为，如果从需求角度看，结果就会大不一样：平均每人每天消耗掉的饮品，包括水在内，大概是1800毫升，但可口可乐在其中占多少呢？当时还不到

60毫升。假如可口可乐的目标不是占领碳酸饮料市场，而是占领消费者的胃，那么这就意味着公司的销售额还能增长29倍。从这个角度看，可口可乐的目标不是打败百事可乐等对手，而是尽可能占领消费者的胃。因此，可口可乐的竞争对手还包括咖啡、牛奶，甚至是纯净水。

郭思达当初的思考直到今天仍然适用。我们可以清晰地看到可口可乐公司的战略认知定位：不是从产品出发，而是从需求出发。

所谓的百年基业表面看是企业生命力顽强，但其实背后是企业通过改变自己的产品、服务，构建动态服务，并在竞争中源源不断地为客户创造价值的核心能力。那些短寿命的企业大部分是因为没有紧跟客户和社会的需求变化，或者是组织的核心能力与顾客变化的需求不匹配。

在互联网创新时代，更多创业者的惯性范式是追求短暂的光荣绽放而非长期持续的生命力，他们背后的逻辑就是抓住短时空内群体用户的需求，并通过产品或服务的方式满足这些需求。

用需求而不是产品定义数字化方向

如表2-1所示，企业的所属行业并不能简单地按照主打产品的功能来定义。

表 2–1　　　　　谷歌等公司的实际行业定义

公司	常常被认为	实际行业定义
谷歌	搜索引擎	网络服务
迪士尼	卡通	家庭娱乐，制造快乐
亚马逊	网络书店	网络基础建设
微软	软件公司	赋能提高生产力
星巴克	咖啡公司	除家庭和办公室以外的第三空间
宝马汽车	汽车制造公司	移动服务

哈佛商学院的著名教授西奥多·莱维特（Theodore Levitt）在其《营销短视症》一文中将他对定义自己所处行业的看法娓娓道来：铁路业停止增长，不是因为客运和货物运输的需求萎缩了，需求仍在增长。铁路业陷入困境，是因为它们认为自己做的是铁路生意而不是运输生意。它们之所以错误定义了自己的行业，是因为它们以铁路为导向，而没有以运输为导向；以产品为导向，而没有以客户为导向。这篇文章中还提到，电视业最初几乎令好莱坞全军覆没。所有老牌的电影公司都不得不彻底重组，有些甚至消失了。它们陷入困境，并非都是因为电视业的大举进犯，而是因为从业者习惯性地认为自己处于电影业，而"电影"指的是具体的、有限制性的产品，其实它们没有意识到电影公司是娱乐业。狭隘的视野使好莱坞产生了一种愚蠢的自满感，从而导致制片人一开始就将电视业当成威胁。好莱坞在应该欢迎电视、将其视为机遇（扩展娱乐业的机遇）的时候，却选择了一味地嘲讽和抵制电视媒介。

德国的拜耳公司是世界上最大的制药公司之一。该公司最早其实不是做药的，而是做染料的。在一次偶然的实验中，它们发现某些染料能对特定的细胞染色。那么如果能把药物装载到染料上，是否就有可能杀死特定的病菌？之后，它们才开始转而研究药品。为什么拜耳公司能有这么灵活的姿态，迅速做出这么大的转变呢？因为公司一开始就没把自己定位成染料商，其最初的定位是用化学制品来改善人类生活。假如没有定义所属行业，就算有人偶然有了关于药物的新发现，高层也可能觉得没必要花重金做研究，没必要跨出自己的领域去冒险。

企业从事什么行业是以用户和社会需求为出发点的。产品只是在一定的时空内，企业为满足社会与顾客需求所提供的解决方案。产品服务于企业的功能目的，我们在界定企业所从事的行业时要超越产品定位，否则简单地聚焦产品定位将限制企业的生存与发展空间。例如，迪士尼公司给自己的定义是制造快乐，而不是卡通或者电影拍摄公司。快乐是接近人性底层的需求，而且这个需求并不会随着时间的变化而改变，而节目制作、电影拍摄这样的行业定位可能会掩盖企业的发展机会。

数字化战略下各行业的定位与选择

新创企业必须构建满足竞争以及以满足顾客需求为导向的核心能力拼图。当传统企业满足顾客需求的方式面临变革需要时，企业常常出现的情况是固守既有的核心能力，但这样做通常是缘木求鱼，会使满足顾客需求的成本提高、效率下降、竞争优势不复存在，直到被竞争对手替代。

企业要不断地更新其核心能力，以保持满足用户需求的能力。数字化背景下的顾客需求就是数字化转型的指挥棒。企业经营者需要在原有的能力拼图基础上，拥有更好地重新组合或再塑造能力。每一次反组织惯性的变革都是在成长，这种成长可以构建面向未来的行业核心竞争优势。那么各行各业应如何面对变化呢？

金融业

金融业的核心任务是为商业组织与个人提供更有效的获取资金的渠道和相关服务。碍于时间和空间的限制，金融产品和服务具有一定的本地化属性，为此金融业积极拓展网点/支行等机构，招募大量客户经理来保证日常运营，逐步形成了稳定的金融系统运营流程。

数字化时代，时间与空间的约束相对弱化，这带来了一系列深度的冲击和改变。过去，金融服务更多的是揽储和急功近利、杀鸡取卵式金融产品的销售，并没有凸显金融服务的功能。现在和未来，整个金融业需从以本地化的销售功能为主导，转向以金融服务为主导，过程中兼具销售功能。金融从业者的核心能力将面临结构化的改变，需从之前追求标准化、无情感和温度的服务，走向金融专业服务加上温情的客户关系管理，从纯线下走向线上线下融合。

汽车制造业

汽车制造企业习惯将自己定义成生产制造、研发新型汽车产品的组织，它们的目光紧紧盯着汽车工业产品的流水线和相关流程，这可能会忽略用户的需求。汽车本质上应该是帮助用户更快、更舒适地从 A 点到达 B 点的解决方案。

在 AI、IoT 等技术支撑下，无人驾驶汽车、新能源汽车正在走入我们的生活。汽车不再是传统意义上的汽车，而是一个帮助人类从 A 点到达 B 点的移动空间。你不必再拘泥于需要拥有一个方向盘，或传统汽车排排坐的惯例空间设置，汽车也许就是一个会客厅、一个咖啡馆、一间会议室或者其他。

汽车制造行业的从业者如果能够从这个角度去开展汽车在智能新商业时代的战略、产品开发、用户体验以及商业模式的构建，就踩准了时代的节拍，这也会让他们获得更广阔的生存空间。

汽车上下游产业链的各方也都必须重新想象未来情境下移动空间服务的概念，找到自己的生态位，抢先培养核心能力甚至构建新的商业模式，以更好的状态迎接即将到来的智能驾驶新时代。

教育行业

教育的本质没有变：完善人、传播人类优秀知识、帮助人成长。

在传统的农业社会，我们看到的教育与私塾、之乎者也有关。

在进入数字化时代之前，碍于时空的限制，更多的教育是面对面、在线下开展的。

在数字化时代，教师的职业核心能力也需要与时俱进。教师如果不具备直播或者通过在线视频开展教育的能力，就会在满足学生需求的效率与价值上大打折扣。

有些教师在面对直播等教育创新工具时，往往会选择逃避、等等看。而那些积极拥抱智能新科技（如运用VR、AR等新兴技术）的教师会利用新工具塑造影响力，更好地传播教育理念并帮助更多学生，也可能获得商业和社会的回报。

餐饮行业

随着消费升级时代的来临，创意餐厅不断涌现，它们将自己界定为跨界，即不再单单是餐饮，更多的是体验、娱乐或者与其他功能融合。

当餐饮企业将自己定义为让用餐者心情愉悦的餐饮解决方案提供商时，餐厅的产品设计和商业模式就会与以满足吃饱需求的功能性餐厅形成极大差异。

消费者在选择服务的时候会考虑餐厅给他们创造的差异化价值。餐饮业在进行数字化转型的相当长的一段时间内，需要考虑的是如何将温度、态度、文化、企业价值观等注入食物中。数字化是餐饮业转型的最佳工具和助手，不仅可以帮助餐饮企业引流、获取客户，而且可以帮助它们开展数字化点餐、预约等服务。

数字化战略的四个维度

数字化转型正在深度重塑或刷新商业模式。

数字化战略与公司战略的关系

传统的 IT 战略有多种概念，但核心就是基于当前和未来的运营活动，建立必要的应用系统和基础设施战略部署。因此，IT 战略通常侧重于企业内部 IT 基础设施的管理，对推动业务发展创新的影响相当有限。在某种程度上，这限制了新数字技术带来的以产品为中心和以客户为中心的机会，这些机会往往跨越公司边界。此外，IT 战略虽然为企业提供了以系统为中心的技术使用路线图，但往往不会考虑产品、流程和商业模式等方面的转型。

数字化战略的视角与传统 IT 战略不同，当然最后的结果也不同。数字化战略超越了流程范式，系统关注对产品、服务和整个商业模式的变化和影响，如图 2-1 所示。

一般情况下，我会将传统的 IT 战略和业务战略整合在一起，称为数字业务战略（digital business strategies），来讨论数字等技术对企业业务的可能性和影响。虽然数字业务战略通常部分或完全基于数字技术期望的未来商业机会和战略来制定，但它们通常不包括关于如何全面达到未来状态的变革性思考。相比之下，数字化战略是一个大蓝图，涉及各个方面的问题，更具系统性和战略性。

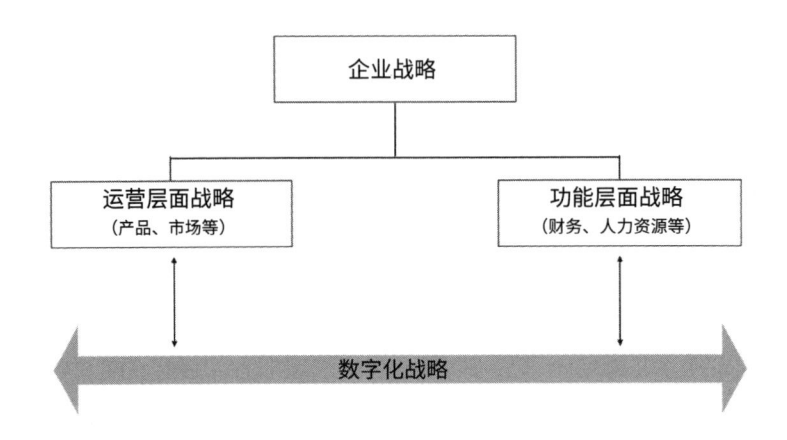

```
                    ┌──────────┐
                    │ 企业战略 │
                    └────┬─────┘
              ┌──────────┴──────────┐
      ┌───────┴────────┐    ┌───────┴────────┐
      │  运营层面战略  │    │  功能层面战略  │
      │ （产品、市场等）│    │（财务、人力资源等）│
      └───────┬────────┘    └───────┬────────┘
              ↕                      ↕
      ←─────────────── 数字化战略 ───────────────→
```

图 2-1　数字化战略与企业战略的关系

数字化战略的四个维度

不论什么样的商业形态，数字化战略都包含以下四个维度：

- 技术的使用；
- 价值创造的变化；
- 组织结构变革；
- 财务支撑。

技术的使用体现了企业对新技术的态度及其利用这些技术的能力，还体现了技术对企业的战略作用。企业需要决定是成为技术使用方面的市场领导者，并有能力创建自己的技术标准，还是更愿意求助于成熟的标准，并将技术视为帮助其业务运营的手段而已。虽然成为技术市场领导者可能带来竞争优势，并有机会创造其他公司依赖的技术标准，但风险可能更大。

从商业角度来看，新技术的使用通常意味着价值创造形式的变化。企业应关注数字化战略对企业价值链的影响，如新的数字化活动会使传统的核心业务发生变化，这可能为扩大和丰富当前的产品和服务组合提供了机会。但同时，这常常需要具备更强的与技术和产品相关的能力，也面临更大的风险。

随着使用不同的技术和不同的价值创造形式，企业通常需要进行组织结构变革来保证新业务顺利开展。这里的组织结构变革是指企业组织设置的变化，尤其涉及与数字化有关的新业务在组织结构中的位置。企业需要对变化做出评估，抓住最核心的变化，是产品、流程还是员工技能发生变化？如果变化的程度相当有限，那么将新业务整合到现有企业组织结构中可能更合理，而对于特别重大的变化，可以考虑在企业内部单独创建子公司去推动。

然而，以上三个维度必须得到财务层面的支撑才能帮助企业实现数字化转型。核心业务面临的财务压力较低，可能会降低采取行动的紧迫性，但已经面临财务压力的企业可能缺乏外部途径来为转型提供资金。这也是我经常说企业在春风得意时要适时备下闲棋冷子，持续探索第二曲线的原因。

为确保成功制定数字化战略并充分发挥其预期效果，企业必须密切协调四个不同的维度：技术的使用、价值创造的变化、组织结构变革和财务支撑。这四个转型维度及其相互依赖关系可以整合到一个数字化转型框架中。如果将所有这四个维度作为框架的一部分考虑在内，那么该框架将支持企业评估其当前能力和制定数字化战略。

制定数字化战略

制定战略本身就是一种选择。很少有企业是通过一次选择就成功了。在制定战略时，试图详细描述每一个重要的选择将导致信息过载；希望仔细规划每个行动选择将使战略过于复杂，无法被记住，战略也就失去了其意义。复杂性不可避免，但当涉及执行时，过度复杂将可能导致失败。

为了实现组织的目标，很多企业要提前明确其在未来几年内最重要的选择。以优先选择作为保证，就可以使不同部门朝着相同的方向前进。然而，在许多情况下，战略优先级无法使整个组织的行动保持一致。很多时候，目标可能会被模糊或通用的术语（如"业内最好的"）或时髦的术语（如"基于云"或"众包"）变得毫无意义。

在过去的几年中，我曾帮助多家企业制定和实施战略。在制定战略时，有些管理者常常想要直接确定战略优先项。想开门见山是可以理解的，但这是一个错误。确定有效的战略优先项的第一步是明确战略是处于企业层面还是业务单元层面上，还是两者兼而有之。在明确这个问题后，管理团队应该解决以下三个问题：我们的愿景是什么？我们的关键选择是什么？我们应该优先考虑哪些事情？

我们的愿景是什么

现实中，有些管理者往往将公司的愿景斥为"无价值的"，而只关注执行的细节。然而，我们发现那些把战略优先级与长期目标联系起来的公司，战略实施的成功率高很多。

制定战略目标时，管理团队可能会被局限于讨论正在进行的工作、评估当前面临的挑战、将传统业务向前推进几年，或者优先考虑那些能保证业务正常运行的活动。锚定现实的诱惑是可以理解的，传统业务是可预测的、舒适的，而且是有利可图的，但遗憾的是，长此以往，管理者就习惯于渐进式改进，以在竞争中赢得胜利，而不是为下一次竞争做准备。

在竞争激烈的市场中，那些能够构建起未来核心价值的能力通常是新颖或非常规的，如启动颠覆式创新的能力，或者在组织转型过程中构建数字化的能力。企业愿景可以帮助管理者走出现状困局，迫使他们更广泛、更有创造性地思考未来竞争必备的能力，并将创新举措提升到战略优先级的地位，以获得所需的持续关注和资金支持。

企业愿景或使命就是用大胆而生动的语言描述企业渴望的未来。

例如，阿里巴巴创立不久就决定以"让天下没有难做的生意"为使命；迪士尼的愿景是为人们带来快乐（make people happy）。这种描述可以帮助管理者想象未来，并思考什么样的行动能帮助他们达成目标。

将战略优先级与企业使命联系起来也将使管理层与员工的沟通变得更加容易。员工往往会优先处理领导交办的事情，而忽视在战略层面应优先考虑的关键绩效指标、价值观和行动计划。通过将战略优先级描述为通往未来的关键路径，高管们可以将目标嵌入更大、更引人注目、更持久的故事中；认同企业愿景的员工更有可能致力于支撑愿景的优先事项。

在阐述企业愿景时，管理者应思考在平衡现在和未来的情况后，这个愿景是否足够生动？它是否具有启发性和与众不同，足以使员工明确优先事项，确保他们的承诺，并激励他们在困难时期继续前进？

我们的关键选择是什么

试图描述每一种选择的战略将过于复杂，无法指导行动。在制定战略时，有的团队会陷入太多的选择，以至于最终迷失在细节中；有的团队则会走向相反的极端，忽略复杂性，基于直觉做决策。

要承认战略的复杂性，但要努力简单化。切实可行的方法之一是将企业的关键选择可视化，突出最重要的选择。

一种比较简单的做法是首先在便利贴上写下组织的战略选择，并把它们贴在白板上。这些选择包括希望捕获的目标客户的关键属性、对目标客户的价值定位、组织拥有的资源、市场进入障碍，以及影响组织未来成功的至关重要的选择。根据我的经验，选择越多越好，至少开始时是这样，稍后再进行筛选。然后，用线条显示出各种选择之间的相互依赖关系。这样做的目的是识别出关键选择，以及那些关系到战略实现的至关重要的选择。

识别关键选择需要判断力和直觉。最关键的选择往往是那些与其他选择最紧密相关的选择，也就是与其他选择有最多联结点的选择。当团队评估哪些选择对成功最关键时，可以问以下几个问题：哪些选择对价值创造最重要？一个特定的选择是如何增加客户的支付意愿或者降低成本的？哪些选择能阻止新进入者或帮助企业抓住最有希望的机遇？即使是基于不完全的信息做出选择，也会比依赖直觉好。

有一些简单的技术可以帮助企业评估策略中哪些选择是最易受攻击的。一种方法是把自己视为一家致力于颠覆型业务的创业公司，从这个角度来观察你的业务，问问自己：最薄弱的环节是什么？竞争对手会在哪里攻击你？一个资金雄厚的竞争对手如何在邻近市场中攻击你的业务？"可能倒在哪里"的思路是一种可以快速而有效地识别弱点和不足的方法。也可以将公司的管理人员分为几个小组，给他们时间收集和分析数据，测试假设，并思考如果公司不执行战略，五年后的发展情况如何？展望未来，他们可以找出的可能破坏战略的因素有哪些？这个过程可以帮助他们识别关键选择。

我们应该优先考虑什么

一旦组织发现弱点，就需要找到克服弱点的解决方案。每一种解决方案总是存在时间和资源不确定、技术是否可行性和成功概率等问题，这些问题将使实施策略进一步复杂化。例如，推出数字化业务会抢占新进入者的市场，但也会侵蚀传统业务的利润。腾讯在推出微信时，QQ业务就在很大程度上受到了挤压。

团队有时会像播种一样对待关键战略，总会长出一些希望，这种方法相当普遍。然而，这种方法的危险在于资源被过度分散，可能会使这些战略失去作用。我们曾经开展过一次调查，在参与调查的300多位管理者中，只有10%的受访者认为，他们所在组织的所有关键战略获得了必要的资金、人员和管理支持。许多企业的关键战略失败不是因为市场变化或竞争对手，而是因为资源不匹配。

为了避免浪费时间、精力和资源，我们需要在关键战略和与其存在潜在冲突的目标之间做出权衡。关于如何权衡取舍的讨论总是很艰难，因为这会产生"赢家"（获得更多的资源和关注）和"失败者"。管理者经常尝试做一些事情来回避冲突，如态度模棱两可，或者等待多方达成一致。然而，当谈到制定关键战略时，没有冲突通常意味着失败。

制定数字化战略的四个建议

1. 将讨论重点放在战略方向上，即数字时代，我们到底做的是什么生意？这也是德鲁克的经典问题：What's your business？

2. 不存在完美的数字化战略，关键是有没有抓住主要矛盾，是否看懂了数字时代产业竞争的游戏规则。

3. 就讨论的基本规则达成一致。例如，制定关于如何讨论的规则，谁可以在什么时候发言（如高层领导只能在其他人发言之后发言），或者如何在多种选择中进行选择。当讨论开始偏离轨道时，规则可以起到保护的作用。

4. 战略重点可确保组织的各级员工关注最重要的事情。最有效的优先事项是与公司战略相一致、与更广泛的愿景或使命相联系的事项。

数字化商业模式创新：价值创造、价值交付和价值捕获

不改变商业模式，那你的数字化转型可能是假的！

数字化与产品创新齐头并进，从更快的个人电脑、更好的智能手机，再到智能制造与自动化。现在，我们的世界正朝着智能一切的方向发展。但所有这些新产品、应用程序和服务正在以激进的方式改变我们的社会与生活。过时的不仅有产品或服务，还有组织流

程和系统，它们不再能创造出足够的价值，或者说不能够持续地创造价值。基于数字化的商业模式创新是对企业经营方式的彻底重新配置。

数字化商业模式设计是企业家和管理者必须做出的最基本的战略选择，因为它定义了企业如何利用内外部的资源和能力来有效地为顾客创造价值，并持续保证交付的流畅性与稳定性，最终构建出新的运营模式与价值创造范式。新商业模式将重新界定目标客群，创造新价值，可能会引入全新的数字化流程并删除多余的行为。数字化转型将进一步拓展朋友和敌人的定义（竞合战略），并帮助企业在数字世界中巩固竞争优势。

数字化商业模式可以为所有利益相关者（包括客户、合作伙伴和供应商）创造更多的价值。

数字化商业模式在数字化战略中的位置及其与其他战略的关系如图 2-2 所示。

数字技术为企业提供了重塑自我的机会。例如，美的集团进行了数字化转型；星展银行提供数字化新金融服务，而不再扩展传统的支行网点。20 年前处于数字化颠覆前沿的互联网公司也被迫自我改造，以谋求生存和发展，典型的案例就是亚马逊公司。

自 1994 年作为电子商务先驱开始在线销售书籍和 CD 以来，亚马逊不断转型以实现增长。亚马逊不仅销售电子产品，还销售日用

数字化战略

产品战略　市场战略
数字化商业模式
组织变革　运营流程

图2-2　数字化商业模式在数字化战略中的位置及其与其他战略的关系

百货等几乎所有产品，以此扩展其核心业务，发展新的业务领域。你会发现其中一些业务甚至威胁到它自己的核心业务，例如尽管销售实体书，还是推出了Kindle和电子书。而且，亚马逊积极推出视频及相关产品，直接挤压了奈飞（Netflix）和网络电视的业务。云计算时代来临之初，亚马逊迅速成为云服务的领导者，并获得了巨额利润，Amazon Web Services（AWS）的年收入超过100亿美元，利润率超过80%，并且连续几年仍以50%的速度在增长。

在这个瞬息万变的数字市场中，抵制创新不是一种明智的选择，积极尝试才是这个时代的生存法则，即使失败也不能止步不前。成功实现数字化转型的企业都拥有超越传统核心业务的能力和意愿，甚至是潜在地蚕食企业传统业务的意愿。

商业的边界、方法和方向都正在发生变化,这就需要数字化商业模式的创新。数字化转型要求企业领导者对激进变革持开放态度,即使这些变革可能与他们当前的战略和信念相冲突。企业领导者拥抱数据驱动的变革可能会使组织意识到,其现有战略是错误或低效的。通过挑战现状,企业可以利用新机遇,并确保其数字化转型取得成功。

数字化商业模式创新的五大变量

数字化商业模式创新由以下五个变量触发。

第一,技术,包括 IoT、区块链、人工智能、大数据、云计算等。 之所以称为数字化转型,背后主变量就是数字化及相关技术。所有经济体系和市场互动都会产生信息交换、协调、保护、执行等成本,数字化将降低这些成本,从而释放价值。通过数字化获取的信息将减少市场参与者之间的信息不对称,从而使市场更加流动,竞争更激烈。

IoT 和社交媒体应用会产生大量数据,不断提高的计算能力将引发大数据革命。组织如果可以随时随地访问数据,再加上内外部的数据应用,就将获得更多做出决策所需的洞察。

数字孪生技术、AR/VR 及元宇宙等概念会重塑或再造零售业、金融业、制造业、服务业,如果企业不去思考这种变量如何螺旋式上升地改变所属行业,那就是在放弃未来增长的机会。

如果你的技术团队目前能力不足，你也不必放弃数字化与新商业的机会。数字技术有以下四个平民化的方向。

1. 应用程序开发平民化。AI PaaS 提供对复杂 AI 工具的访问，以利用定制开发的应用程序。因此，开发人员可以利用强大的 AI 模型构建工具、API 和相关中间件。此外，PaaS 提供商已经迅速开展了有价值的培训，并建立了知识共享社区，包括预建模块。这些流程和资源正在加速数字商业模式的发展。

2. 数据分析平民化。用于构建 AI 解决方案的工具扩展到针对专业开发者社区和数据研究爱好者。这些工具可实现快速的新建模和测试，并加快创新周期。

3. 设计平民化。低代码或在某些情况下无代码的应用程序开发平台工具本身也可以构建人工智能驱动的解决方案，可帮助专业开发人员并自动执行与人工智能增强解决方案开发相关的任务。这就扩展了低代码、无代码的现象，并通过自动化附加的应用开发功能来提高开发人员的能力。

4. 知识平民化。非 IT 专业人员获得并使用的工具和专家系统越来越多，这些工具和系统使人们能够开发和应用超出自己专业知识领域的专业技能。

第二，消费者，他们的需求与消费文化、沟通方式以及标准发生了改变。随着社交媒体的广泛应用，企业与消费者之间的沟通方式正在发生结构性的改变，沟通变得更容易、更即时。数字化新商业模式下，企业需要新的流程、新的组织方式，甚至需要新的世界观来应对这些变化。消费文化改变，消费者对于好产品的标准也正在发生变化。

第三，ESG，即环境友好，积极参与社会治理，不加班构建幸福型组织。随着社会治理、社会公民化观念深入，数字化商业又遇上社会变革的新趋势。企业应努力实现环境友好型发展；积极参与社会治理，为社会提供更多非商业交换层面的价值；不倡导加班文化。

第四，竞争，如跨行业竞争，行业边界模糊。数字化与传统的行业融合是一次社会形态的化学反应，可能将产生新的商业物种，并改变传统意义上的行业竞争。最典型的变化就是行业的边界变得模糊，不再简单地以产品或者过往的认知来界定竞争对手。商业模式的护城河和竞争对手的界定将紧紧围绕价值创造的成本、效率和速度展开。

第五，员工，**提炼与管理**他们的知识和经验，远程办公。数字化商业模式是否能够实现离不开员工和组织。数字化转型过程中的企业日常经营与管理将围绕数据＋知识展开。数字化转型带来了时间与空间元素的变化，将涉及企业日常的办公与经营管理方式等众多综合性的变化，远程办公和协助是绕不开的数字化转型的新商业模式运行状态，由此所产生的创新的组织结构与形式也是企业需要考虑的一个问题。

综上所述,在推动数字化、商业以及商业模式发展的过程中,对不同的行业而言,这五个变量的影响程度会有所不同,而且在数字化转型过程中如何完美地重组相关要素,以创建面向未来的商业模式需要智慧,更需要时间与尝试。我一直坚定地相信:好的商业模式是跟时代合拍的。数字化商业模式不是简单地规划出来的,它源自我们为这个社会创造价值的初心并支撑了我们的努力。这是一个过程,也是一个结果。

数字化商业模式三部曲:价值创造、价值交付、价值捕获

我经常从价值创造、价值交付和价值捕获这三个方面来帮助企业理解商业模型,它们可以清晰地勾勒出数字化时代企业建立商业模式的全过程。

价值创造

数字化转型使企业能够以多种方式创造新价值。价值创造是数字化转型过程中所有工作的指挥棒,如更低的成本、基于更多数据的更好的数字产品、更好的客户体验,以及交叉销售和创新产品带来的更高的忠诚度和更快的增长。数字化转型通常通过以下四种方式帮助企业实现价值创造。

1. 数字化转型使企业能够通过修改和扩展其现有产品和服务组合来创造新价值。例如,报纸和图书出版业采用拓展服务化战略为

客户提供数字产品。典型的产品和服务拓展是物理产品的非物质化、物理产品软件化,为此从产品逻辑到服务逻辑都要发生转换。事实上,非物质化和服务逻辑已经通过个性化医疗、电子锁代替物理锁具等新方式影响了各个行业,为这些行业提供了新的行业规则。零售行业通过在线零售、社交销售不仅仅拓展了渠道,还重构了商业模式,从而创造了新价值。

数字化转型不仅仅涉及产品和技术。现在,人们可以在网络上快速搜索,产品价格变得透明,产品性能也走向同质化。未来,企业的竞争优势极有可能来自商业模式的改变,也就是要使产品和服务适应需要定制服务的新客户,而不是生产更多的实体产品。从实体产品到数字服务的转变要求企业有新的技术,梳理好价值链,并培养以客户为中心的心态。

星巴克推出了面向顾客的数字解决方案,以提高盈利能力。它们创建了一个应用程序来帮助顾客支付他们的咖啡和食物费用;将数字应用与忠诚度计划相结合,为客户提供个性化的优惠和体验;不断开发新的数字化产品和服务,甚至通过客户共创服务让顾客参与产品的设计过程。

2. 数字化转型使企业能够更好地了解客户需求,并根据他们的需求提供新的有价值的服务。在传统制造业,企业可以通过使用智能制造、3D打印、无人机和众包服务等技术和服务,为客户提供参与价值共创的机会。中低收入客户(边缘客户)的需求以前往往会被忽视或者战略性放弃，但是数字化为企业创造了应用新技术、更有效地服务于这类群体的机会。

安德玛（Under Armour）以用户为中心创建数字化新商业模式是一个标杆案例。安德玛的数字化转型从收购开始，该公司先后买进了运动锻炼追踪应用 MapMyFitness、热量计数应用 MyFitnessPal 和欧洲健身应用 Endomondo 等应用程序，随后推出了名为 UA Record 的应用程序。通过数字化转型努力，该公司为用户创造了全新的数字化服务，帮助他们衡量和改进他们的训练。UA Record 拥有超过 2 亿注册用户，成功地将人们与品牌联结起来，引导他们前往线下门店。安德玛团队通过数据创造了价值、了解了用户的需求，并开发了新的服务以满足用户的需求。

3. 一些行业（如金融服务、酒店和汽车服务以及医疗保健）倾向于在其商业模式中采用颠覆性技术，以便为可持续发展找到新的解决方案。汽车行业正在通过采用无人驾驶、绿色能源等技术提供卓越的产品或服务（如汽车共享服务和多媒体应用），或将产品与其他服务相结合来创造新的价值。同样，将共享经济方法嵌入酒店、金融服务行业也可以为相关企业带来能够优化客户体验的服务和产品。

4. 利用数字平台或平台思维以及生态系统创造新价值。数字化转型为每个参与数字化转型的组织和个体提供了必要的数字基础设施。例如，在美国，数字化转型创建了新的健康信息交换组织，该组织会利用多边数字平台在不同参与者之间提供信息交换服务。在元宇宙行业，数据内容通过硬件设备传播，网络基础设施技术创新催生了新的生态系统。在餐饮与酒店行业，预订平台（如美团外卖、携程等）为客户带来了新的价值主张。

数字化转型将为整个社会带来价值。它将改变传统的、僵化的工作模式，并在时间和空间维度上为商业提供更大的灵活性。此外，个人将通过众包平台获得更多的工作机会。它还可以在医疗保健、城市管理和应对老龄化社会方面提供更高效的公共管理流程和服务。

一个设计精巧的新商业模式可以增加为所有利益相关者（包括客户、合作伙伴和供应商）创造的总价值。

需要注意的是，价值创造可以将数据和人工智能整合到所有流程中。组织的真正机会是将这些技术嵌入业务流程，以提高效率。人工智能可以与企业各种软件集成来分析数据，并日复一日地辅助决策。你可以通过可操作的人工智能来处理更高级别的重复性任务。

价值交付

企业其实就是一个价值交付系统（value delivery system，VDS）。价值交付的核心是企业向客户交付承诺价值的行为、流程及组织性保证。如果你能从这个角度看待经营与数字化转型，那么很多问题都能够迎刃而解。VDS是企业向客户提供和传递其价值主张的体系。

如果一个组织认真对待VDS，那么每个部门都会为价值主张做出贡献，这意味着要与成本效率惯性妥协以创新产品。商业体系的每个环节只有适度远离自己的狭隘目标，才更有可能为组织的价值创造提供服务。

业务部门交付价值的能力在不同的细分市场存在很大差异，通常一个业务部门只具备满足 1～2 个细分市场的能力。不过，这可以有效地为某些细分市场的人们创造价值，同时既能保证充裕利润，又能压制竞争对手。

数字化转型意味着企业流程的变化。传统企业价值交付的流程是产品研发、制造产品和销售产品，该流程对生产型企业很有用。但是，如果想提供一个令人信服的价值主张，企业就需要将业务系统调整为面向客户，即选择价值、提供价值以及向客户交付价值，这样的业务系统就是价值交付系统。在这个过程中，企业应保证价值交付的关键节点，努力让所有参与者认同价值主张，持续创造价值，直到完成价值交付。

价值交付日常管理的关键是让每项活动都有助于企业强化其所主张的价值。数字时代的价值主张将指引数字化战略与转型方向。企业在进行数字化转型时，首先需要审视其核心竞争力，以适应向数字化、新服务方式的转变。数字化竞争的新环境对企业提出了更多新能力的要求。

客户价值 = 产品与服务的交付价值 – 客户购买成本（金钱和精力）。客户通常会从他们认为能够提供最大交付价值的企业购买产品和服务。交付给客户的价值可以是产品、利益、情感等形式。任何为客户创造价值的流程都应该是数字化新价值交付体系的一部分。

当然,客户价值有两个方面:期望价值和感知价值。期望价值是指客户对产品或服务的期望。感知价值是客户相信在购买产品后从产品中获得的利益。基础客户价值更多地停留在产品属性,在更高的层次上是情感回报和愿望类。

企业可以参考表2–2向客户交付价值。

表2–2　　　　企业向客户交付价值的方法

理解客户价值	采取行动	价值交付
找到客户认可的价值点	价值点评估、区分、排序	以引起共鸣的焦点创建客户价值主张
感知价值的维度	识别新价值创造的机会	基于价值点竞争,而不只是成本
客户需求随时间变化	构建客户需求动态管理体系	通过预测客户需求的变化交付价值
客户反馈	客户导向、客户关系管理	完善现有产品和服务的价值主张

价值捕获

数字化商业模式的价值捕获涉及收入模式及其财务可行性,应重点关注收入流和成本结构。我们完成的价值创造和价值交付最终能不能转化为现金和市场承认的价值?只有能够有效捕获价值,企业才可实现持续发展，只靠管理者的情怀可不行。

企业能够从优越的价值主张中获取价值，这表现为在外卖、物流等行业中，新消费者愿意为优质的服务和解决方案付费；在时尚行业，企业通过新的价值主张（如符号、意义等）来获取超额价值。

在这里，我特别想分享一个经典的价值悖论，以充当中间渠道的实体书店为例。实体书店面临着电子商务与电子阅读的冲击，这些书店虽然为新书发行、读者便捷选书创造了价值，但消费者通常还是会线下看书、网络购买。但是，网站不与书店分成，书店就无法货币化捕获其创造的商业价值。类似的情形出现在多个领域，如3C行业、服装行业等，应该说这是数字化商业的最大困局之一。

那么在传统零售业中，那些充当中间渠道的角色（如品牌服饰店、电子产品零售商、便利店等）在数字化时代应如何抓住自己创造的价值，并积极地捕获货币化价值？我认为，它们需要因地制宜地选择商业模式创新，并进行盈利模式的再设计。我有以下四点建议。

第一，通过上架费用来体现价值，如便利店、超市收取堆头费等。

第二，品牌服饰直营店与网上官方旗舰店同价，客户经理私域流量或者推荐购买佣金与业绩算线下店业绩，甚至按照快递包裹上收件人的地址折算业绩比例并划归所属地区。

第三，区别线上和线下货品，刻意制造差异，或者线上和线下是同一款产品，但型号不一样。这种做法在电子产品领域较为常见。

第四，以创新做法实现价值捕获。以茑屋书店为例，茑屋书店将主题图书和与主题相关的货品匹配，做精选式销售业态。它们认为，挑选餐饮、旅游、英语学习等类型图书的用户很可能会有相关的烹饪、旅行、英语学习等消费。在场景中，茑屋书店能即时、有效地捕获价值。

数字化转型影响几乎所有行业的价值创造、交付和获取，能使企业通过智能制造与客户共同创造价值，通过数字平台和生态系统创造新价值。数字化价值创造的变化要求企业的核心能力、经营模式、流程和管理方式随之转型和变革。

综上所述，企业应理解新科技的趋势与核心逻辑，有效应用并创造出客户认同的价值。随着新参与者进入生态系统，企业需要迅速转变角色，构建数字化动态核心能力，跑通价值创造、价值交付、价值捕获的全流程。

数字化时代，商业模式的本质就是创造价值的一种形态。企业应创造出价值、交付好价值，同时也应管理好价值捕获变现。

数字商业模式动态演化，永无止境！驱动力来自为客户创造价值之心。

第二部分

数字化战略的实施与推动

第 3 章

数字化战略落地：从组织与团队、心智模式到数字化能力

数字化转型如何转？转什么？

星展银行前身为新加坡发展银行，已经多年蝉联"世界上最好的数字银行"称号。在没有数字化转型之前，星展银行在客户满意度方面常年在各大银行中垫底。

为了赢得新一代客户，星展银行认为需要利用新技术摆脱传统银行业务的问题，重塑其初心，即"让银行业快乐起来"。为此，该行将这一愿景建立在以数字化为核心、让星展银行"隐形"和创建"30 000 人创业创新"文化这三个原则之上。

星展银行的数字化转型从模仿开始，该行制订了一项宏伟的计划——甘道夫计划（GANDALF），积极布局新技术，推动创新文

化。G代表谷歌（Google），意为像谷歌一使用开源软件；A代表亚马逊（Amazon），意为像亚马逊一样建设云平台（AWS）；N代表奈飞（Netflix），意为大规模使用数据和自动化，像奈飞一样，提供个性化推荐；D代表星展银行（DBS），意为要将自己打造成数字银行；A代表苹果（Apple），意为像苹果公司一样设计；L代表领英（LinkedIn），意为打造一个像领英一样的学习社区，助力员工学习；F代表Facebook，打造一个像Facebook一样的社交网络社区。

星展银行数字化转型主要聚焦在以下几个方面。

1. 从产品到平台的转变。星展银行推出了API开发者平台，该平台使软件开发人员能够与星展银行"联结"，并与银行的服务联系起来。星展银行目前已经拥有超过1000个开放API。客户可以在平台上买卖汽车，星展银行汽车贷款无缝整合到系统中，以实现银行在满足客户需求的同时对客户"隐形"。

2. 培养高绩效的敏捷团队。在转型前的星展银行，业务部门设定目标，由技术辅助支撑；而现在，双方作为平等的伙伴来到谈判桌前，有着共同的目标和计划。

3. 自动化一切。更快地构建、测试和部署系统与新流程。

4. 构建可拓展的数字架构。构建可扩展、有弹性并准备好进行实验的系统。

5. 为成功而组织。为员工提供正确的工具和支持，以实现敏捷性。

为了推动数字化转型，领导团队在整个组织中旗帜鲜明地打造五种特点，即敏捷性、持续学习、客户至上、数据驱动的实验和冒险精神。

数字化转型最初的挑战是像技术人员而不是银行家一样思考来解决问题。为此，星展银行称自己为一家提供银行服务的科技公司，而且不以其他银行为参照物，而是以领先的科技公司为参照物。

数字化转型为星展银行的第二曲线和跨越式发展提供了机会窗口。

数字化转型转什么

这是一个我们不得不面对的问题。在我们确定了数字化战略与商业模式后，需要转什么呢？要转的东西太多，如何分清主次？如何抓住牛鼻子问题？

数字化转型对所有人而言都是新课题，并没有成功的唯一路径。每家企业都在解决自身的问题，即特定行业阶段的数字化问题。

从我的经验来看，在完成商业模式与数字化战略的思考后，企业需要从组织心智模式、文化、技术、产品、市场、流程等方向开展数字化转型。这就是数字化转型转什么这个问题的答案。

从统计学上看，企业用于数字化转型的精力主要花在以下五个方向上。

第一个方向是降本增效，即通过 AI、大数据、IoT、区块链等技术来降低成本并实现自动化。特别是在面临利润压力与人员成本高的情况下，企业会选择通过数字化来降本增效。这是所有数字化转型中最务实也是最难的工作。

第二个方向是改善客户体验，客户体验是数字化的关键业务形态。

第三个方向是数字化与快速推出产品。企业聚焦于精益创业、小步快跑等方法上，通过数字化平台和体系积极响应市场变化，并更快速地推出产品。

第四个方向是促进以数据为依据的决策流程。很多企业的决策属于冲动型决策。数字化转型的其中一个方向是驱动企业利用数据来决策，并开展经营。

第五个方向是新的商业模式和新的盈利机会。企业需自我革新，并寻找新型动能。

从上述五个方向出发，真正在推动数字化转型的企业都在认真做以下 10 件事，以积极开展相关细致的工作，让数字化转型战略落地：

- 从本地数据存储迁移到云计算，构建边缘计算和算力网络；
- 将人工智能和机器学习部署到业务流程中，降本增效；
- 将物联网传感器、数字孪生、区块链等新技术直接整合到产品中；
- 利用元宇宙、虚拟现实和增强现实来改进产品设计和服务流程；
- 使用大数据分析，提高效率并优化业务流程；
- 使员工能够远程工作，从而改善员工体验；
- 传统零售经销商实体销售转变为电子商务、直播带货、短视频营销；
- 开发小程序、App、开放端口等应用程序，实现用户界面与互动数字化；
- 刷新传统销售模式，采用数字营销和社群营销融合的新销售模式；
- 构建知识库，让知识与经验数字化，并且流动起来。

请记住，数字化转型是一个过程，不是一个结果！

关于数据分类，你可能会问：哪些类型的数据可以创造价值？数据千千万，企业应该重点关注以下五类数据，有针对性地做出数字化转型的努力。

- 跟踪社交数据。关注短视频、微信、微博、小红书上的帖子，以了解用户需求。
- 传感器数据。帮助企业改善供应链、生产制造与设备维护的方式，构建起产品与企业连接的新生态。

- 交互式数据。消费者的使用行为、互动风格等,有效采集这类数据可以支撑企业的新产品研发、营销推广与商业模式创新。
- 客户数据。尤其要关注消费者在线行为数据的数字化,如点击率、跳出率、转化率等,以分析消费决策,从而降低获客成本。
- 财务交易数据。关注财务、交易结果,以此来模型化、智能化辅助战略决策与日常经营。

数字化转型转什么?每家企业应该做什么?虽然没有一个固定模式,但以下几个关键部分是绕不开的:(1)组织层面的数字化转型(心智模式、文化、组织能力等);(2)数字化技术采用方案与创新应用;(3)产品与市场层面的数字化转型,其中关于技术采用方案与路线、产品与市场等部分转型将在后续章节中单独介绍。

数字化转型的三个类型:危机型、反应型和前瞻型

英国资深学者科林·卡纳尔(Collin Carnall)在其《组织变革管理》一书中将组织转型过程中成员的反应分为五个阶段:否认阶段、抗拒阶段、放弃旧习惯阶段、适应阶段和内化阶段。因此,要使数字化转型顺利进行,管理者必须合理安排转型的时间和进程,要选好时机,把握分寸,循序渐进,配套进行。在数字化转型前,管理者应详细分析可能发生的各种问题,预先采取防范措施,从而为组织创造数字化转型环境和气氛。当组织转型的大政方针决定以后,战略和动态能力就成为保证组织数字化转型成功的关键所在。

员工对待数字化转型有三种态度：视而不见、知而不行、行而不达。不过，数字化转型的阻力并不完全来自员工。除了来自员工的抵制，管理者和作为整体的组织也可能成为阻碍数字化转型的力量。来自员工的障碍主要是习惯、舒适区和对未知事物的恐惧；来自管理者的障碍至少包括既得利益、保持现状综合征和以造就管理者而非领导者为目标的训练；而来自整个组织对转型的抵制包括对标准的遵从、系统的一致性和基础结构的僵化。

如果从转型成本和转型发动的难易程度来区分，我们可以将数字化转型分为危机型数字化转型、反应型数字化转型和前瞻型数字化转型三种（如图 3–1 和图 3–2 所示）。

第一，危机型数字化转型是指当危机降临到企业头上时，迹象和信号的数量增加、强度提高，数字化转型已经变得毋庸置疑了。这时，竞争对手已经开始改变了，而我们却还在袖手旁观。当迹象和信号被忽略太长时间之后，其后果就会在企业的财务状况上体现出来。

第二，反应型数字化转型的实质是要求我们在有明显的迹象和信号表明需要数字化转型时做出反应。这些迹象和信号来自客户、竞争对手、股东、员工以及其他重要的相关人员，他们向我们暗示现在必须要进行数字化转型，否则未来我们将付出更大的代价。

第三，前瞻型数字化转型指的是我们能够预见转型需求的数字化转型。前瞻型数字化转型要求我们向前看，在转型刚出现时就看到它发出的信号。这样，我们就可以及早地意识到原有的正确地图不久将会变成错误的地图。有了这样的认识,我们所面临的挑战就是如何事先弄清楚新的正确地图是什么样子的以及新的游戏规则是什么。

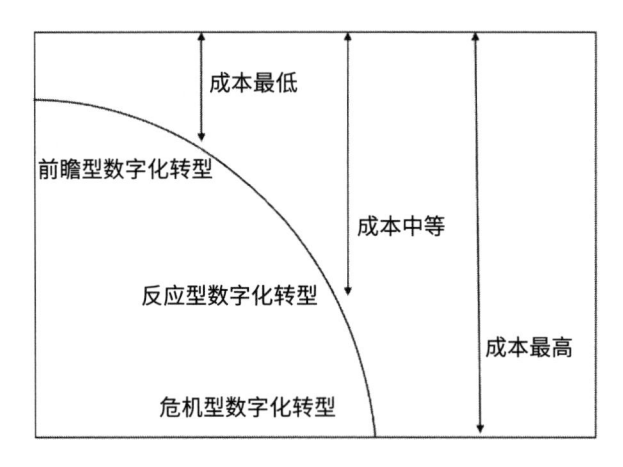

图 3-1 数字化转型的三种类型在成本方面的不同

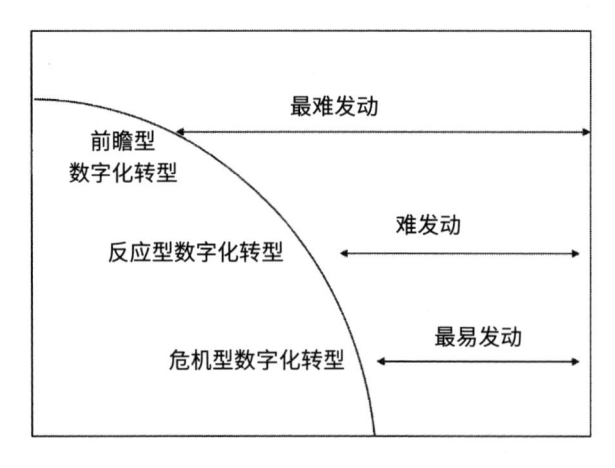

图 3-2 数字化转型的三种类型在转型难易程度方面的不同

对待数字化转型的态度不同，所付出的代价也不一样。发动前瞻型数字化转型最困难，因为数字化转型需求的迹象和信号是从"远处"传来的，很微弱。正如英特尔公司前 CEO 安迪·格鲁夫（Andy Grove）所说："一个季度接着一个季度地过去，我们半数的员工只盯着创纪录的收入，给人一种刀枪不入的感觉，死亡的感觉。"

当数字化转型的迹象和信号开始频繁地出现时，转型就很难被否认了。反应型数字化转型要比前瞻型数字化转型容易推动一些。发动危机型数字化转型最容易，因为已经有人倒在了战场上，流着血就要牺牲了。子弹在头顶呼啸而过，敌人步步紧逼，你会如何做？这个时候，你不可能慢条斯理地包扎伤口，你必须立即止血，紧急情况下你可能还需要截肢救人。你没有时间把事情做得很精细，因为你处在危急时刻。比起前瞻型数字化转型，由于危机型数字化转型的特性，克服视而不见和知而不行的障碍要容易得多。

反应型数字化转型比危机型数字化转型更难发动，因为没有那么多的证据表明过去成功的"地图"在未来是错误的。但反应型数字化转型的代价要比危机型数字化转型的小，因为当它发生的时候，企业的收入还没有锐减，还不需要通过裁员一半来保证企业的生存。请注意，我们不是说反应型转型本身有什么不好。环境变化的迹象和信号越是不确定，等待时机再做出反应越是谨慎之举。踩准转型节奏感是极具艺术性的。

前瞻型数字化转型开始的时候很艰难。就像远处的微弱信号很难被看见一样，让人们认识到迫在眉睫的威胁和机遇也很难。此外，即使我们帮助他人看见了远方的威胁和机遇，但这些威胁和机遇离我们越远，它们改变走向的机会也越大，也就越有可能与我们擦肩而过。失之毫厘，谬以千里，转型出发时很小的偏差与决策可能会造成很大的误差。

成功地进行前瞻型数字化转型所需要的时间、精力、金钱以及其他宝贵资源的投入使人们神经紧张。一提到前瞻型数字化转型，人们可能都会觉得未来的目标很难达成。能承担起前瞻型数字化转型重任的管理者也很少，但一旦掌握方法，未来赢得的回报就是巨大的。

我们也可以从组织的学习曲线与能力塑造的角度看待数字化转型的不同类型。长而陡峭的学习曲线表明，要把新的正确的事情做好需要大量的学习，这意味着在开始时可能看不到效益，我在实践中也看到很多企业此时不知如何是好。数字化转型的先行者——美的集团董事长方洪波就曾对媒体表示，投入产出比不好评价是数字化转型中极大的挑战之一。然而，正因如此，企业越早进入这个过程，相对于那些动作迟缓的竞争对手而言，就越具有优势。

改变心智模式，学会忘记与克制惯性

个人与组织都有自己独特的心智模式。数字化转型需要改变心智，改变基础假设。心智模式的作用是将原本复杂的世界加以简化，使其更容易理解。当面对不连续发生的情况时，心智模式的应用和惯性就会产生摩擦力，阻碍转型与变革。

当餐饮行业还在追求口味的时候，有的企业却认为美学设计感才是竞争之道；当传统汽车制造业还在追求碰撞安全性测试时，造车新势力却从外形设计、社群粉丝服务、大屏幕智能化下手；当家电零售店还在追求价格优势和促销活动时，新零售却从烹饪、社群互动体验和知识传播下手。

对于传统企业而言，数字化转型的最大难点在于调整组织心智，而不是缺少技术与人才。想改革成功，就需要进行自我诘问，需要直面回答以下一些问题，如什么行为是领导推崇与认同的？什么才是正确的做事方式？如何界定优秀员工的行为？如何看待客户与价值创造的问题？管理者需要观察和思考组织的心智模式是否与环境相匹配，并拿出一定的魄力，刻意结构化地改变组织的心智模式，使组织面向未来、面向竞争、面向用户。

许多企业家曾问我，微软公司为什么能成为硅谷的主要玩家？我的回答是：我们从表面上看到的是微软云业务的指数级增长，但背后支撑其完成这次有效转型的原因是公司 CEO 萨提亚·纳德拉（Satya Nadella）从组织的心智模式下手，改变了组织的认知与行为，使公司学会忘记自己的精英文化，而形成了开放共赢、拥抱生态链的新组织文化。

要学会忘记，是因为过往的能力和习惯性认知已经不太满足变化的时代，而我们已经形成了一定的惯性。当组织面临转型与创新时，最大的掣肘是惯性。想要有效推动数字化转型，想要创新增长，组织就必须学会忘记，学会与惯性抗争，而不是简单、粗暴地与过去说再见。

在渐进式变化时，管理者面临的是连续的、微小的变化，如点击量、粉丝数量、市场份额的比重、新产品的包装优化、生产流程的改善等变化，这些变化使组织能够更好地完成使命。但由于这些变化相对很小，因此它带来的不一致性是可控的。我们可以容忍这些变化的不确定性，有机会预测和学习新的东西，整个组织也能消化这些变化带来的影响。

企业随着成长会发展出结构、流程和系统，来应对日常工作的复杂性。由于这些结构、流程和系统是相互连接的，因此企业要想实现数字化转型就变得困难、成本高且耗时长。结构的惯性和抵抗变化的阻力植根于组织的结构、流程和系统，与复杂性相互依赖。

在这里特别提醒一点：人力资源往往会成为数字化转型的阻碍。人们常常认为人力资源是推动组织数字化转型和创新的重要动力，但从我的经验看，很多企业的人力资源其实是阻碍企业数字化转型的最大障碍。背后的原因主要是人力资源的心智模式与强势逻辑是建立在稳定的薪酬体系、激励体系、晋升体系和人才发展工作流程上的。数字化、智能化时代来临，但大部分人力资源从业者仍在按照传统的强势逻辑和理念来推动数字化时代的人才、薪酬与绩效管理，可想而知，这将为组织带来严重的混乱。

链接阅读 | **数字时代服务业的心智模式：你要成为可信任的人**

链家地产的创始人左晖希望房屋中介从业者能够受人尊重，获得信任。他从 IBM 全球咨询服务获得启发，一夜之间让链家的小伙伴们统一着装，系统塑造信任与专业感。人们一度可以从穿着与站姿判断出他们面对的中介是不是链家的员工。

美国咨询业也曾面临类似的问题，后来是从律师和医生行业中获得了启示，打造了专业的感觉，以此获得客户信任，降低交易成本，实现高定价。

塑造信任有这样的一个公式可遵循：

$$T=\frac{C+R+I}{S}$$

其中，T= 信任，C= 可信度，R= 可靠度，I= 亲近感，S= 自我导向。

如果想让我们的服务人员获得信任，并且给客户专业的感觉，我们就需要在这四个方向上修炼。

可信度不仅仅是通过在专业服务上展示优秀技能获得，还可以通过举止专业获得。举止专业指的是外表、举动、反应，以及当谈论专业内容时整体表现得专业。它不仅仅取决于服务者的专业水平，还由客户所获得的实际体验所决定。关键是要向客户传达一种诚实的感觉，从而减轻客户下意识里对不完整信息所持的怀疑。

可靠度指的是客户是否认为他们可以依赖你，是否相信你会始终如一地为其工作。可靠度是信任等式中具有明显行动导向的要素，它联结了语言和行为、意图和举动。它在理性层面上几乎就是由承诺与行动间相联结的反复体验所构成的。客户常常根据期限（按时）和质量（按标准）的完成程度来判断一个人的可靠度。这样的判断也表现在一些小细节上，如花多长时间回复未接来电以及是否完成待办事项等。

优秀的专业服务人员会寻找（或创造）机会，通过制造显性或隐性的承诺并兑现这些承诺，来展示其在理性和感性层面的可靠度。例如，在一些小事上向你的客户做出一些非常具体的承诺，如"明天前找到××"；按时拨通提前约好的电话，然后不露声色地按时兑现承诺。最好在约定的日期前与客户再提前确认一次，任何对约定或承诺的日期的变更都要及时通知客户。

在信任关系中，产生差异化最有效、最普遍的途径是培养"亲近感"和"自我导向"。亲近感是指在工作过程中感到个人情感上的距离接近度，因此它是信任的四个要素中最明显的感性因素。亲近感越强，与客户忌讳的话题越少。一方将自己的一部分暴露给对方，对方要么予以反应（因此增进亲近感），要么不为所动（因此划定亲近感界限）。

没有什么比"只/更关心自己的利益"这一点更影响你在客户面前的信任感了，你必须努力控制自我导向的倾向。自我导向最极端的形式当然是不加遮掩的自私行径，也就是所谓的唯利是图。但自我导向不仅仅指贪得无厌，还包含所有使我们只关注自己而非客户的举动。

不要专业，要有专业的感觉！这句话在数字时代依然振聋发聩。

转变企业文化，打破惯性，推动数字化转型

让创新、数字化转型在组织和团队涌现离不开企业文化。要在文化中创造足够的心理安全，以便组织能够在成功和失败之间的边界上跳舞。

文化的惯性

组织的变化与成功会产生文化的惯性，这种惯性更为明显与普遍。当组织变得成熟，部分经验和观念都依附于"如何做事"这一问题之上。

在相对稳定的环境中，企业文化对于其成功而言是一种至关重要的元素。文化提供了一种机制，可以确保企业在没有复杂而严格的正规控制系统的环境下有效地管控和协调人员。而一旦面临非连续性的变化，曾经孕育成功的企业文化可能很快就会变成一堵阻挡变化的围墙。

对管理者而言，文化惯性是非常棘手的问题。文化惯性总是隐约存在，且难以直接管控，所以它是管理者无法成功引入数字化转型和创新变革的关键原因之一。

组织风险规避是数字化转型的另一大障碍。高管常常希望我们提供有关他们的竞争对手或其他组织如何实施数字化转型的实践。没有人愿意成为第一个尝试新方法或与众不同的人，因为人们害怕失败。但是，我们如何能保证以前没有人尝试过的方法一定能成功呢？即使我们正在关注其他组织的范例，但如果忽略组织的特征和条件，也必然会失败。克服风险厌恶的关键是通过小批量试验和使用从试验中收集的信息来帮助确定下一步应该做什么。

如果一个组织极度厌恶风险，那么它不太可能具有创新性。所有企业都一直在面对风险：做某事有风险，无所事事也有风险。风险是业务的一部分，组织如何有效处理和面对风险是数字化转型过程中需要具备的关键能力。

大型组织的核心问题源于传统的管理实践，组织的结构和流程使它们需要从财务角度出发来保持现状和感知效率。而我们作为人类，自然倾向于融入群体。如果我们观察并体验身边人的行为，那么我们可能会融入这种行为和做出反应。质疑事情如何完成以及尝试新方法的结果被视为对其他人的威胁。即使我们知道这不是最好的方式，大多数人也会心甘情愿地改变自己的行为。此外，企业会发展无意识的偏见，促使我们选择最像自己的新成员，以及过去经验中最熟悉的方法和工具。因此，企业自己使现状永久化，直到被迫改变。

企业的竞争优势是短暂的，并且为了生存必须始终重塑自我。这一信念会推动数字化转型。而傲慢则是创新的诅咒。

借数字化转型来开展企业文化变革

有些组织不重视想象力和游戏，它们追求的是按时完成工作，那些获得成功却未经证实的理念是不受欢迎的。这种传统文化规范和价值观都可能阻碍数字化转型与创新的发展。企业应如何借数字化转型过程来展开企业文化变革呢？

数字化进程领导者需要"践行"，而不仅仅是"进行"数字化

改变企业文化模式最有效的方法是高管带头行动。无论是有意识还是无意识，高管在面对数字化转型和创新时如何行事会直接影响员工对价值观和信仰的看法，因此高管的行为决定了企业文化对待创新的态度。高管的行为形成了以下两种不同的创新文化。

1. 文化由创始人的个性所决定，具有强烈的企业家精神。苹果、宜家家居等公司的价值观和信仰与其管理层的行为和特征密切相关。如果没有史蒂夫·乔布斯（Steve Jobs）和英格瓦·坎普拉德（Ingvar Kamprad），我们可能无法想象苹果公司的创新以及宜家一直以来的坚持。

2. 超越创始人形象并随时间推移而形成持久的文化。在这种情况下，创新已经成为公司 DNA 的一部分，已经制度化了。谁还记得 3M 公司的创始人是谁？对于许多被广泛称为创新型企业的公司，高管团队的一项重要职责是重建企业文化所依赖的基石。我认为高管的行为（价值观、原则和实践）在制定目标、监督目标的进展以及面对数字化转型中的逆境时，创新文化基因是自我复兴还是衰落至关重要的影响因素。

人力资源体系创建心理安全

在竞争日益激烈的环境中经营，"获胜"是一个重要的概念，被标记为"胜利者"通常是组织努力的方向。但失败是创新必不可少的组成部分，因此创新文化需要创造心理安全，让人们可以接受一定的失败。但是有些错误更具致命性，企业需要有底线，不能让这些错误危及生存。

人力资源部门做得好将有助于创造心理安全以实现创新。组织可以设计一些机制来允许失败甚至是庆祝失败，要在奖励成功和容忍失败之间努力实现平衡。组织创造足够的心理安全可以使人们在成功或失败的转型上都能翩翩起舞。

创新的文化将使员工更加灵活，对外部世界有着无法形容的好奇心。容忍失败的文化能够鼓励设想更多的可能性，并且在激情和客观性的平衡下维持这些可能性，从而得到支持和保护。

组建跨部门团队

数字化转型是一项团队运动，应该涉及整个组织。临时组建跨部门团队似乎是促进数字化转型的有效方法。除了典型的功能型专家，组织还需要不同类型的T型人才。

数字化转型最缺乏的是那些既懂技术、又能深刻理解行业内的逻辑与游戏规则的人才。数字化转型的最终效果还是依赖于部门协作。

塑造关注机会、拥抱不确定性的文化

领导者需要让员工进行更多的测试、剖析失败的原因，以使数字化转型可以更好地落地。为此，企业需要开发新流程，以便更深入地了解客户，并提供更多客户所需，即使客户无法准确地表达这些新需求。

虽然流程效率和生产效率始终是业务关注的焦点，但如果企业想要创建新文化，就需要更加关注机会，拥抱不确定性。

并非所有的新想法都会像预期的那样有效，所以那些不可控的失败测试是创新过程中不可避免的一部分。遗憾的是，大多数组织文化试图责怪失败的人，而不是接受偶尔的失败，并试图从经验中学习。

鼓励"英雄"，培养仪式感

有的组织会基于富有想象力的新想法来"庆祝"失败，还有的

组织会鼓励那些冒险尝试却没有成功的个人。组织可以尝试优化价值观声明，加入关于创造力和创新的明确声明，突出创新的重要性。

仪式感不可或缺。名不正则言不顺，数字化转型过程需要"名"，更需要激励全员参与。

积极吸纳多样性，让转型与创新涌现

企业文化的形成需要关注培养思想的多样性。尽管许多组织都倾向于劳动力多样化，但它们对"多样化"的理解更多的是人口统计特征的多样性，而不是思想的多样性。

组织只有在其文化中欢迎多样性的思想，才有可能鼓励创造和创新。组织成员有经验和知识固然是好事，但创新需要的是批判性分析能力，以及愿意尝试创新想法的意愿。组建多样性数字化转型团队是应对这个复杂的、充满不确定性的时代的选择。促进组织的创新文化发展需要积极构建群体内外的弱关系。提到弱关系，就不得不提强关系。强关系是我们与家人、亲密朋友、邻居或同事之间的关系，这种关系往往是长期的关系，在生活的多个领域以信任和互惠为标志；而弱关系是相对弱化得多的关系，是与那些我们熟悉但未与其建立关系的人的关系。美国社会学家马克·格拉诺维特（Mark Granovetter）的研究表明，喜欢创新的人在其工作的组织内外部保持着许多弱关系。因此，鼓励灵活工作、积极与外部网络建立联系的组织文化更有可能鼓励创新。组织需要关注的一个现实是，大多数数字化转型来自团队内部和团队之间的协作，而不是单个的天才或者闭门造车。尽管如此，许多组织还是偏爱寻找和雇用天资聪颖或知名大学的毕业生，或两者兼而有之的员工，而这些人可能在与其他人合作方面存在较大问题，需要打磨。

数字化能力建设是转型的基石

在以数据、算法驱动的未来，将不再有科技企业和传统企业之分，而只有一种企业：数字企业。

这次深刻的产业调整和升级将随着人工智能等产业的发展，演变为一场以行业为"底数"、科技为"指数"的"幂次方"革命。人工智能算法以尊重、洞察和还原不同产业规律为基础，全面开启与各行各业的联结，将产生无限放大的可能性，从而形成持续的创新。

内燃机等通用技术是100多年以来驱动经济增长的根本动力，而人工智能是我们这个时代最重要的通用技术之一。在接下来的20年中，基本上所有行业都将必须改革关键流程和商业模式，从而搭上数据智能的顺风车。海量数据、算法进步和不断提升的计算机硬件性能这三大因素成就了人工智能时代。

整个社会正面临核心能力的结构化改变：从大工业范式下的核心能力逐步走向知识社会、数据智能社会的核心能力。那么，企业数字化能力的趋势与方向是什么？

在数字智能的环境下，企业需要考虑新的游戏竞争规则，尤其是能持续为顾客创造价值的初心。在研究的过程中，我们发现不同的企业有不同的说法，一家企业的各个部门也有不同的说法。我提出了数字化通用能力模型，即 DAC 模型（如图 3-3 所示）。D 指的是数据智能力（data intelligence），A 指的是敏捷力（agility），C 指的是连接力（connection）。

DAC 模型更多的是要求企业在通用能力（借用通用技术的说法），或者在企业各个功能型能力属性（如市场能力、产品能力等）的基础上具备 DAC 能力。DAC 能力是数字智能时代的通用核心能力。每家企业可以在不同的角度和组合上形成自己独特的能力体系。

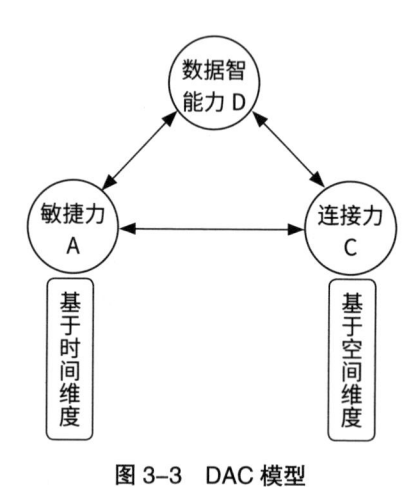

图 3-3　DAC 模型

数据智能力在 DAC 模型中处于王冠位置。过去，由于企业在数据的采集、整理和处理方面的能力有限，数据智能力在竞争战略中的重要性并不明显。而在现在这个万物皆数据的时代，一家企业如何收集、整理、处理数据，并能够应用好数据智能来为顾客创造价值，将成为其最关键的核心竞争力。如果不具备数据智能力，那么企业在未来肯定会出局。数据智能力更多的是由技术发展（如大数据、人工智能、物联网等）推动的。

敏捷力更多的是基于时间维度的一种竞争能力的体现。敏捷的反馈能力、敏捷的处理能力、敏捷的应对能力等都反映了企业在一定时间内整合内外部资源的核心能力。企业如果想获得敏捷力，显然要依靠联结的能力。如果企业不具备快速响应和处理的能力（属于数据智能力的范畴），就无法敏捷地做出最关键的决策。

连接力是一种基础能力。在数字智能时代，我们之所以强调连接力，是因为传感器、AR 和 VR 大规模的渗透与采用。连接力的背后是传统意义的空间被压缩，在此基础上重构了商业的逻辑与竞争的游戏规则。连接包含了人与人、人与物和物与物的连接。

在 DAC 能力基础之上，企业的各个部门、各个职能层面也出现了新能力要求，如数字化内容能力；私域流量及数字化客户管理能力；激励与数字化赋能能力；知识提炼与员工经验数字化经营能力；符号与意义的管理能力等。

需要提醒的是，数字化能力建设背后的主逻辑应该是持续、有效地为顾客创造价值。

企业数字化成熟的六项修炼

1. 对客户保持亲密的联结，动态感知他们的需求变化。随着 IoT、社交网络的普及，企业可以获得更多的可用数据，并前所未有地了解自己的客户。那些成功的企业不会只期望客户购买产品，还会主动预测和发现客户的问题和需求，并据此进行创新。由于互联网提供的透明度，客户可以轻松浏览评论和价格，因此数字化成熟的企业通常希望提供独特的、更加定制化的端到端客户体验。

"了解你的客户"长期以来都是商业口号，但即使是数字优先的公司的高管也承认，他们的组织往往也只是销售已有的产品和服务，而不是根据客户不断变化的需求和愿望开发新产品。很多企业忘记了以客户为中心是数字时代成功最关键的特征之一，这种情况在央企或者被简单线性业绩"绑架"的企业更常见。

了解客户必须成为一个动态的、持续的过程，也应成为企业日常经营最重要的主流程之一。企业都非常清楚地知道需要不断地重新认识它们的客户，持续更新客户的痛点和需求。一位企业家曾说，鉴于经济形式的不可预测性等其他不确定因素，他们正在构建"为客户服务，而不是向他们销售"的新心智模式，并创建迈向下一个常态所需的企业与客户的联结战略。

在咨询项目中，我会极力推动企业在其数字化转型中加入联结战略。联结战略旨在帮助企业构建四种数字化联结，即与客户的联结、与员工的联结、与上下游生态的联结以及与社会和监督机构的联结。

近年来，全球化战略变得更加"全球形式的本地化"，为满足特定国家市场的需求和期望来开发产品和服务的压力越来越大。国内企业出海已经初具规模，通过数字化手段有效地洞察需求以联结客户是这些企业弯道超车的绝佳时机。

2. 构建以数据为依据而非以数据为驱动的文化，人是核心。数字化成熟的企业会拥抱数据，并使用这些数据做出更好、更及时的决策。然而，数据无法帮助管理者制定企业的战略、管理日常经营。数据分析很重要，我们需要判断和思考，最终确定路线图。不仅仅是数据科学家，所有员工都应该使用数据形成新的洞察和远见，而不是依赖过去的经验。鉴于变化速度，后见之明常常对手头的任务毫无用处。

数字化成熟的企业拥有合适的专业人员（如经验丰富的数据科学家或分析师）、数据工具（仪表盘和数据可视化应用程序）和平台（计算基础设施和操作系统），能跨越组织、部门与不同系统来打通数据。一个典型的例子是美的集团前后用了三年时间链接财务、供应链、市场、研发等多个数据平台，为数字化转型构建了基础。

简单地提供数据并不能保证团队会使用它们。员工能否轻松访问数据？数据是否集成到了员工的工作流程中？员工（无论资历、经验或年龄）是否知道如何解读数据？虽然不少企业家将"基于数据的决策"列为数字时代最关键的成功因素之一,但他们普遍缺乏判断力。数字化成熟的企业从高层管理者到底层员工都能够批判性地看待数据,明白某些分析是不完整、不完善的,甚至存有偏见。

3. 培养挑战者心态和颠覆意愿。 数字化成熟的企业鼓励员工挑战现状,即使这意味需要从根本上去重新思考核心业务及其发展。每位员工都有责任倾听来自客户、供应商和公司外部其他利益相关者的信号。他们也有权质疑业务的各个方面,并提出为客户创造价值的新方法。

在这种文化氛围中茁壮成长的人对周围发生的一切都会充满好奇,他们乐于承认自己不知道的东西,并且愿意忘记、重新学习并接受最新和最佳的实践。

好奇心和创造力是数字化成熟的企业的重要资源。即使很多工作能实现自动化,大部分管理者也坚持认为人类的聪明才智才是至关重要的。他们倾向于寻找能够应用创意的火花,并从数据、人工智能和同事反馈中获得拥有洞察力的人。

在招聘和提拔员工时,数字化成熟的企业一般会寻找具有成长心态的候选人,因为他们能够适应不断变化的环境。一位企业家曾经说,他的企业现在会评估每位员工的逆商(adversity quotient,AQ),以衡量他们在压力下保持敏捷和成长的能力。

4. 做分布式决策,树共创之风。 随着端到端客户体验的需求不断增长，组织一直渴望打破孤岛，跨职能工作势在必行。很多管理者一致认为，数字化成熟的企业必须具有高度的协作性。这些企业的管理者超越了职能孤岛和组织结构约束，将具有不同技能的个人聚集在一起来创造和解决问题。他们更多地将员工视为合作者而不是追随者，部分原因是数据和技术能让更多员工参与决策。观点和经验的多元化，以及在公平和包容性方面的努力对于激发新思维至关重要。

数字化远程办公迫使管理者和组织重新构想合作方式。管理者必须仔细"权衡"和"退出"，目标是让员工拥有决策权并采取行动。他们常常愿意走出他们的组织、部门和地区，愿意接纳对人才开展差异化体验设计。

数字化远程办公时代，企业面临的新挑战是如何吸引来自世界各地不同组织、不同层次的人才，以及如何高效地使用虚拟会议等协作工具。想在数字化新办公趋势中赢得先机，企业需要的不仅仅是技术，还需要：

- 关于共同目标、价值观和规范的明确讨论（鼓励参与和协作）；
- 定期会议（有助于标准化流程）；
- 仪式感、社区感和归属感（尽管存在物理距离和跨文化差异）。

然而，企业也要接受数字化虚拟协作的局限性。例如，在横向协作方面，目前还没有什么方法可以替代面对面互动来建立信任和联系，即使在数字优先组织和数字原住民之间也是如此。

5. 不断做试验，团队持续学习。 数字化成熟的企业即使在一些模棱两可的情况下也会积极地采取行动。它们不会在做出决策之前收集完美的信息；它们将决策视为基于可获得的最佳信息的工作假设；它们积极拥抱不确定性，积极开放迭代。

数字化成熟的企业会利用设计思维、精益创业和敏捷等方法来推动创新。企业需要培养一支经过精挑细选的冒险者队伍，他们能够以快速失败、快速学习的方式生存下来；他们进行严格的试验，并进行测试、学习和适应（甚至放弃曾经认为有希望的项目）；他们以客户亲密度指导运营模式和文化，将客户需求放在首位。

6. 重视道德决策和数字化伦理，以实现持续发展。 随着技术的进步以及新情况不断涌现，数字化成熟的企业认识到自己应该对组织内部甚至外部行为的意外后果负责。企业可能会面对道德困局，为此，管理者必须积极建立新流程、配置相关人员。

年轻员工尤其希望在忠于价值观的组织中工作，他们认为工作不只是讨生活，更是一种生活态度！数字化成熟的企业的管理者会想方设法地让他们围绕一个共同的目标，并将代表利益相关者的道德决策置于中心位置。

组织可能会收集和使用员工和客户的数据，但会公开其意图和相关流程，会积极确保遵守收集数据时设定的隐私保护条款和数据伦理。他们还会希望呵护客户想要共享其个人信息的动力源，因为这些客户相信企业会从使用这些信息中受益。这种信任的建立需要多管齐下，在客户认可的前提下还要得到组织所有成员的拥护，而不仅仅是合规人员的监督。数字化成熟的企业已经将这个问题提升至战略高度，因为它涉及企业的可持续发展。

第 4 章

技术创新与数字化战略

关于数字化转型的技术采用与选择，我们从快速消费品行业的领军企业——百威啤酒的数字化转型故事谈起。

数字化转型并没有固定的范式或明确的技术路线图，关键还是要从每家企业面临的问题出发。百威啤酒从其营销、产品、生产和供应链等以下几点下手，通过数字化的技术创新管理，为顾客创造了价值，也为自己赢得了竞争优势。

1. 让数据在组织内部统一和流动起来。百威啤酒面临的挑战是要将数十家独立的啤酒厂合并成一个统一的新实体。为此，团队将数字化的第一要务确定为通过数据来改善业务流程和消费者体验。他们通过改变产品的补货订单的方式来改善供应链，开发出面向零售店和经销商的 B2B 移动应用程序，相关算法能够提出具体的补货建议，为销售人员创造机会与店主讨论新品牌和新产品，以及给出有针对性的建议。

2. 创建技术创新实验室，以探索 AI、机器学习和 IoT 等技术改善消费者和零售商体验的方式。"互联网啤酒厂"项目可以跨批次监控产品的数量、质量、生产过程中的温度等一系列相关因素，以更好地解决产品的生产及其与市场匹配的有效性等问题。

3. 社交媒体是营销关键平台。团队利用 AI 的爬虫技术，迅速地对社交媒体上消费者对其品牌的看法和意见进行抓取、聚类和分析。通过这种方式，百威啤酒能够动态地了解消费者的需求，并且为消费者创建更相关和更有意义的内容，以改善客户关系，驱动业绩增长。

从百威啤酒数字化转型的案例中，你可以得到以下启示：（1）从问题出发，解决数据兼并以及相关数据流动受限等问题；（2）采用开放策略，秉持开放式创新态度，让人工智能等通用技术为我所用，让技术融入具体的垂直领域。这才是务实的数字化转型技术路径图。

技术的发展日新月异，目前数字化转型中可以应用的技术有大数据、人工智能、区块链、元宇宙、数字孪生、IoT 传感器、VR/AR、社交网络、云计算等。在技术采用与选择时，企业需要深刻理解技术变量的核心逻辑及其价值，也需要判断技术扩散的成熟度，积极与第三方机构合作，以解决实际问题为导向，谨防陷入技术陷阱。技术只是工具，企业的目的是要创造顾客价值。

5G 与物联网是数字化转型的关键变量与推动力

5G 是移动通信标准和技术解决方案演化中出现的一种技术。如图 4-1 所示,相比之前的 3G/4G,这种技术具有一些更为独有的特征,将推动社会和经济发生结构性变化。

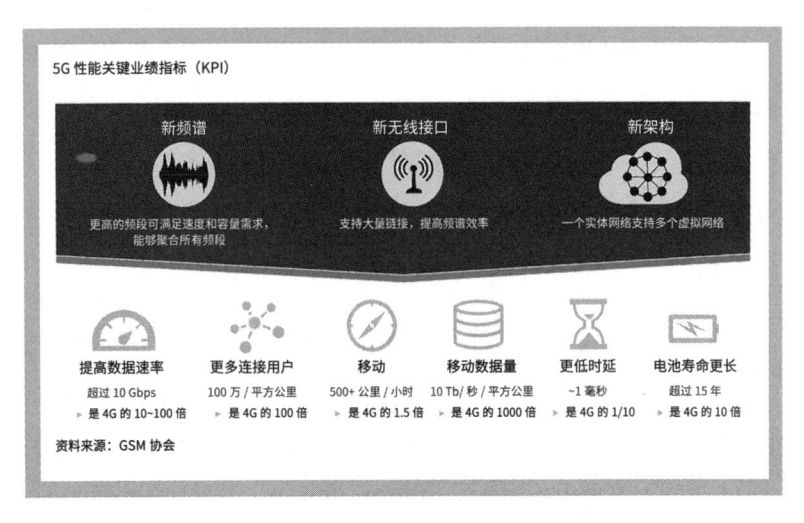

5G 性能关键业绩指标（KPI）

- 新频谱：更高的频段可满足速度和容量需求,能够聚合所有频段
- 新无线接口：支持大量链接,提高频谱效率
- 新架构：一个实体网络支持多个虚拟网络

指标	数值	对比 4G
提高数据速率	超过 10 Gbps	是 4G 的 10~100 倍
更多连接用户	100 万/平方公里	是 4G 的 100 倍
移动	500+ 公里/小时	是 4G 的 1.5 倍
移动数据量	10 Tb/秒/平方公里	是 4G 的 1000 倍
更低时延	~1 毫秒	是 4G 的 1/10
电池寿命更长	超过 15 年	是 4G 的 10 倍

资料来源：GSM 协会

图 4-1 5G 的独特特征

大部分电子产品在 5G 时代将被重新回炉、再设计或者重新定义。例如,英特尔公司推出的雅典娜计划（Project Athena）就集合了 5G、人工智能、Windows 平台、Chrome 系统等技术,是行业范围内针对笔记本电脑进化设计的重大项目。苹果公司也在重新思考和定义下一代产品,其典型特征是 5G 的云处理功能。

国际电信联盟（International Telecommunication Union,ITU）定

义了 5G 的三大类应用场景，即增强移动宽带（eMBB）、超高可靠低时延通信（uRLLC）和海量机器类通信（mMTC），旨在提升网络峰值速率、提高通信可靠性及响应速度、实现万物互联，如图 4-2 所示。这些应用场景可以从不同的维度解读人们对科技通信的诉求差异，也导致了不同的商业模型和解决方案。

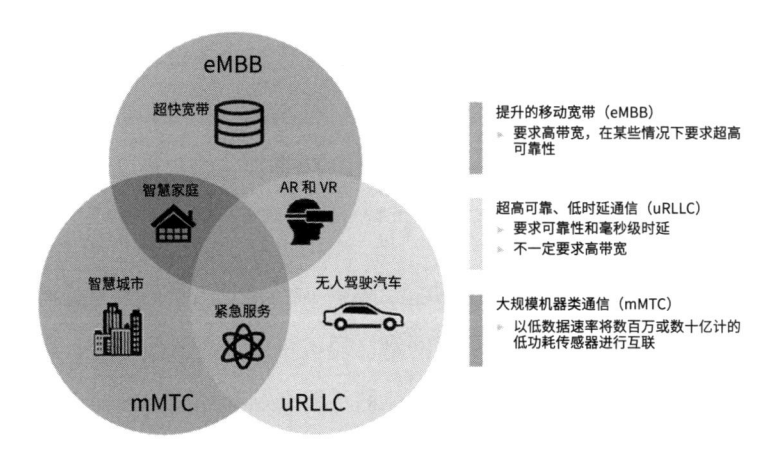

图 4-2　5G 主流的应用场景

安永公司从高速度、低时延的角度重新想象了 5G 时代的商业机会及其应用场景。自动化工厂、互联汽车、远程医疗控制等应用场景，基于数字时代数据的吞吐量比较大、时延低的属性得以实现。

5G 时代的到来将推动超级互联时代的发展以及新技术与实体经济的融合。智能制造、运输和医疗服务将普遍发展，推动经济实现优质、高效和有力的增长，大大提升百姓的生活水平。

物联网将大大降低网络延迟率，并通过改进远程应用程序和流程确保公共和工业安全。例如，对于建筑、先进制造等高风险行业，较低的延迟率将为远程工作提供更具响应性的界面，同时最大限度地降低对员工造成身体伤害的风险。制造员工可以远程控制机器人，以完成危险或位置难以到达的工作；起重机操作员虽在建筑工地上工作，但可以更好地了解在附近街道上行走的行人；执法人员可以用一架小型无人机检查潜在的危险地点或接近武装嫌疑人。在城市内，支持5G的公共网络将更快地处理停车计时、路灯和消防栓等公共事务。5G将是管理所有公共设备的理想选择，因为它可以实现每平方千米多达100万台设备的机器对机器通信。

IoT将改变你所在城市的街道面貌。城市规划人员可以通过物联网链接的交通信号灯监控交通网络，司机将不再需要担心早上通勤时的交通堵塞。当他们开车时，他们可能会顺利经过一辆辆自动送货卡车，无缝地避开交通障碍和道路封闭；在每辆送货卡车内，包含物联网链接传感器的包裹将在卡车接近交付目的地时自动发送通知给客户。

5G网络特别适合处理IoT不断增长的链接需求。随着支持物联网的设备开始在日常生活中发挥更大的作用，5G将不仅支持智能手机、笔记本电脑和平板电脑，还将支持传感器、电器、灯泡、气候控制设备、数字显示器和可穿戴设备等。

物联网时代：企业的经营范式

人与物的连接更多源自传感器、可穿戴设备的流行。当人与物连接时，关于人的问题更多的是能制造出用于满足日常场景和使用行为的产品；关于物的问题更多的则是如何将边缘计算、大数据、物联网、人工智能等技术注入连接设备中，通过整合为顾客创造价值。物联网时代，企业要想抓住商业机会可以关注以下四个方向。

第一，实时质量控制。物联网产品的出现让质量管理更上一层楼，如今企业可以对产品在真实世界中的表现进行持续监测，从而发现并解决那些模拟测试无法探测到的设计问题。产品设计需要引入新的装置、数据收集和诊断分析软件，才能检测产品的健康状态和性能，并向维护人员发送故障警报。随着软件功能的不断增多，产品设计还可以融入更多的远程维护功能。

例如，特斯拉公司的电动车出现过在高速行驶过程中车载电池着火的事故。经过检查发现，造成事故的原因是车辆的程序设定为在高速行驶时自动降低底盘，导致路面上的石子击中车载电池，引发着火。于是，特斯拉汽车对所有车型进行了系统升级，提高车辆在类似环境下的缓震作用，从而显著降低了电池破裂的可能性。

第二，新型商业模式。物联网产品允许企业从传统的产品售卖模式转向产品即服务（product-as-a-service，PaaS）模式。这种转变将对产品设计带来深刻影响。当产品作为一种服务提供给客户时，保养等相关成本和职责将转移到制造商一方，这将影响到产品设计的方方面面。

为保证对客户进行合理收费，PaaS 模式要求企业收集产品的使用数据。因此，企业须认真思考它们需要何种类型的传感器、传感器的安装位置、收集数据的种类和分析数据的频率等。

第三，深度绑定客户。物联网产品提供的数据可以让企业更好地了解产品的使用状况，如客户喜欢产品的哪些功能，无法使用哪些功能等。通过对比不同的使用模式，企业可以进行更精细的客户分层，如从行业、地理位置、组织单元甚至一些更加微观的角度进行分层。营销人员可以利用深入的客户洞察来定制特殊的产品或售后服务套餐，或者为某个客户层设计新产品功能。

亚马逊的 Echo 智能音箱是我国国内很多企业一直在模仿的设备之一。Echo 是一款语音交互式蓝牙音箱，你可以通过它控制电灯、电视、洗衣机，可以获取新闻、音乐、交通、天气等信息，可以进行购物、金融理财以及日常程序性操作。例如，当冰箱里的酸奶或其他食品低于你所需的量时，你就可以通过语音的方式将想要的商品添加到购物车，然后完成支付和结算。

第四，售后服务大变革。对于工业设备等耐用产品的制造商而言，售后服务能带来可观的收入和利润，其中部分原因是传统的售后服务效率低下。技术人员首先要对产品进行检查，找到故障的原因，确认需要替换的零件，在二次拜访时才能进行修理。物联网产品提升了售后服务的效率，并使被动的维护服务转为主动的预防式远程服务。技术人员可以远程对问题进行诊断，因此他们可以在第一次拜访时就准备好修理需要的零件，而且还能获得修理的相关信息，从而降低拜访次数，提高修理成功率。

三一重工股份有限公司的数字化转型关键是在物联网传感器上下功夫，旨在为客户提供一系列新型解决方案，帮助客户更好地管理建筑和挖掘设备。该公司可以对工地的每一台设备进行数据收集和分析，由服务团队为客户提供建议，从而减少设备使用的数量。他们还可以帮助客户解决何时应增添设备、如何突破产能瓶颈以及如何提高设备的燃油效率等问题。

物联网产品的数据丰富和实时反馈等特性，正在挑战传统的、集中的指令－控制式管理模式，分布决策、高度整合且能持续改进的新型管理模式将逐渐崛起。

数字化运营体系与区块链技术

区块链、创新理念与现实世界的叠加

很多人可能都忽视了区块链作为一种产品和理念的演化路径。区块链的演化分为以下三个阶段。

1. 区块链 1.0：网络空间的货币。区块链作为比特币的底层技术，最初的应用范围集中在数字货币领域。区块链构建起了去中心

化的数字支付系统，使随时随地交易货币、毫无障碍的跨国支付以及低成本运营的中心化体系得以实现。

2. 区块链 2.0：智能合约。在区块链 2.0 阶段，区块链通过建立智能合约来代替传统合同。智能合约逐步影响到整个社会的其他社会性契约，同时智能合约也需要新的法律法规来保障其效力。

3. 区块链 3.0：分布式人工智能和组织。在区块链 3.0 阶段，区块链使所有人和机器都能够链接到一个全球性的网络中，区块链的基础设施以去中心化的方式来配置全球资源，使区块链成为促进社会经济发展的理想框架。

基于区块链技术的智能合约，不依赖第三方自动执行双方协议承诺的条款，具有预先设定后的不变性和加密安全性，从规避违约风险和操作风险的角度较好地解决了参与方的信任问题。传统的智能合约在现实生活中的一个典型应用场景就是自动售货机。基于预先设计的合同承载，任何人都可以用硬币与供应商交流：通过投入指定面额的货币，选择购买的商品和数量，自动完成交易。自动售货机密码箱等安全机制可以防止假钞，保证自动售货机的安全运行。

从信任的角度来看，区块链实际上是用数学方法解决信任问题的产物。过去，社会的有效运行主要靠制度建立规则，进而形成信任来规范和引导社会成员的行为，而区块链技术是运用基于共识的数学方法，在人与机器之间建立信任并完成信用创造。通过使用密钥来解决所有权信任问题，基于区块链的技术能保证价值转移过程中的安全信任，通过智能合约解决信任执行问题，最终实现了"无需信任的信任"。

DAO 数字化运营新体系

在信息互联网时代，中心化技术降低了基于信息的交易费用；在价值互联网时代，区块链技术降低了基于信任的交易费用。区块链技术通过分布式账本和智能合约改善生产关系，主要改变的是人与人之间的信任关系，将人与人之间的关系数字化、代码化。区块链技术带来的交易成本降低必然伴随着去中心化，而这就是分布式自治组织。

在区块链的数字化世界里，管理行为代码化、程序化，代码即宪法。组织不再是金字塔式而是扁平分布式；权力不再是中心化而是去中心化；管理不再是科层制而是社区自治；组织运行不再需要公司而是由高度自治的社区替代。

DAO 是分布式自治组织（Decentralized Autonomous Organization）的缩写，这种新型组织为未来完全基于区块链的组织开垦道路。简而言之，DAO 是由智能合约（分布式计算机程序）定义的虚拟组织。组织的程序规则和合同在区块链上维护，代码以分布式的方式执行，组织没有中央控制权，完全在网络空间运行，并且不依赖传统的法律合同。

如果监管机构允许，区块链数据就可以取代许多公共记录，如出生证、结婚证、契约等。医疗保健诊所可以自主运行，出租车公司可以控制无人驾驶的车队，软件开发公司可以雇用数千名独立程序员。乐观估计，DAO 几乎可以应用于任何业务。

假设某组织已发行 50 000 股股票，X 先生拥有该组织的 5000 股股票，那么 X 先生将成为该组织占股 10% 的股东。这些股票可以转让给任何人，而这些人也可以转让所有权。DAO 将可能性的规则实现数字化，所有规则都写在源代码而不是纸上，这能够带来透明度，构建起无需信任网络并减少欺诈。

DAO 的优势

1. 自动化组织，最低成本和快速决策。自动化运营大大降低了传统企业的复杂性和惯性。DAO 降低了交易成本并加快了决策响应速度，能够更灵活地创建角色、权利和任务，以更有效地协作。

2. 区域自治。社群和贡献者可以在世界各地工作，不一定局限在特定的位置。

3. 透明度。所有交易都可由相关许可方进行追踪和审计，从而提高透明度并减少欺诈。

DAO 的不足之处

1. DAO 和智能合约虽缺乏法律人格，但可以实现复杂的法律和经济结构。与传统实体不同，它们没有法人资格。从法律角度来看，DAO 基本上意味着所有参与者。

2.作为一个完全数字化和去中心化的实体，DAO 在税法方面的地位不明确。DAO 的法律人格缺失成为 DAO 和智能合约履行纳税义务的巨大障碍。

3.没有司法能力。虽然 DAO 可能组织高度复杂的经济交流，但它们不能成为司法程序的当事方。这将阻碍其他人与 DAO 建立法律关系，即使这种关系可能是正常运作所必需的。

数据的所有权、经营权和数据安全

数据的所有权

数据是未来企业或者个人最重要的一项资产。在 IoT 时代，每个人或组织所产生的数据都需要从经营的角度将其商业化。

关于数据的所有权，你可以有以下选择。

1.企业可以追求产品数据的完全所有制，也可以采用数据共同所有制。数据使用权分为不同等级，包括可以使用但必须签署保密协议（NDA）、有权分享数据、有权销售数据等。数据所有权可以在明确的协议中提出，也可以通过产品细则或繁复的法律文件注明。尽管各个行业的数据收集越来越趋向透明，但正式的数据披露和所有权标准并没有建立起来。

2.建立数据分享框架，为供应商提供运行状态和性能等数据，但对敏感信息保密。限制供应商接入数据也有弊端,即供应商无法全面地理解产品如何被使用,因此会拖慢创新流程。

并非每一位消费者都愿意进行分享,企业需要提供一个非常清晰的价值主张,鼓励消费者分享产品使用数据和其他数据。当消费者了解了数据在价值链中产生的价值时,他们就会变得更加主动。在企业制定相关决策时,如果明确了收集哪些数据、如何使用、谁将从中受益,那么消费者可能会主动要求参与到决策中。

数据经营权与安全

企业可以将通信设备、传感器嵌入日常物品(如电灯、电视、汽车、交通信号灯)和工业设备中。传感器不断发出有关所连接设备工作状态的数据,并允许它们通过云(互联网)相互发送和接收数据。物联网平台将分析数据,提取有价值的信息并与其他设备共享,以启动特定命令或操作。

在制造业中,工厂中的所有不同组件和机器都将配备传感器,传感器会将系统运营数据反馈给相关方。系统可以在故障发生之前识别并修复潜在问题,从而节省时间和金钱。在日常生活中,我们可以为家中的空调配备一个传感器,传感器可以发出设备运行和温度的数据,设备在这个过程中不断下载和分析数据,这样在设备产生问题之前,我们就可以联系支持部门进行维修。

IoT网络正遭遇不完美;设备由于不断地来回共享关键信息,已经成为黑客的主要目标；隐私和安全成为 IoT 时代的关键问题。典型的物联网攻击有 Mirai Botnet 的分布式拒绝服务（distributed denial of service，DDoS）攻击，该攻击影响了几乎整个美国东海岸的互联网服务。2017 年 9 月，美国食品药品监督管理局（Food and Drug Administration，FDA）召回了 50 万个物联网心脏起搏器，因为他们发现这些起搏器存在安全漏洞，可能会让黑客篡改、控制植入患者的医疗设备。

传统物联网系统依赖于集中式架构。信息从 IoT 设备发送到使用、分析和处理数据的云，然后发送回 IoT 设备。随着数十亿设备加入物联网网络，集中式系统具有非常有限的可扩展性，容易暴露出弱点，这些弱点会危及网络安全。为此，第三方不得不经常检查和验证设备之间的每一个微交易，这将会使整个过程变得非常缓慢且成本高昂。

区块链网络中的智能合约将允许设备只有在完成特定要求时才可以执行协议来安全且自主地运行。这些合约不但允许更高的自动化、可扩展性和更低成本的转移（没有第三方监督交易），而且可以防止参与方为了自己的利益而过度使用公共数据资源。信息将在去中心化的加密安全网络中共享，这意味着破坏网络安全将变得非常困难。

对于集中式网络而言，单点故障导致整个网络出现失效的风险很常见。分散式区块链网络通过数百万个以点对点（P2P）为基础传输数据的单个节点来缓解这种风险,从而使 IoT 网络的其余部分保持平稳运行。

在快速发展的物联网行业中,小额支付将变得越来越重要。IoT 时代,万物互联的设备所产生的数据都将从经营的角度来核算。由于这些数据的碎片化,如果通过一个一个的合同文本来签约,显然不能支撑 5G 时代的商业基本逻辑。应用区块链技术将数据更有效地整合,使智能合约的商业化价值运营成为可能,这也将开启 IoT 时代私人数据经营与决策的新篇章。

元宇宙时代:AR/VR 应用大爆发

AR/VR 应用将呈指数级增长,重新定义想象虚拟世界!从高分辨率视频到下一代内容,增强和虚拟现实(AR 和 VR),5G 网络将更加顺畅地处理数据密集型应用。

让我们先来简单地了解一下 AR 和 VR,如图 4-3 所示。

元宇宙时代,AR/VR 将为企业和员工带来新的机遇。例如,建筑师和工程师将不再需要依赖计算机屏幕上显示的平面二维蓝图,而能够将 3D 模型直接投影到工作空间,他们还将使用便携式设备,时刻应对不断变化的项目挑战。AR/VR 应用的背后是视角功能,其优势将颠覆或者重构医疗保健、零售、教育等行业。

AR/VR 技术要依靠实时视频技术才能发挥作用,背后需要高带

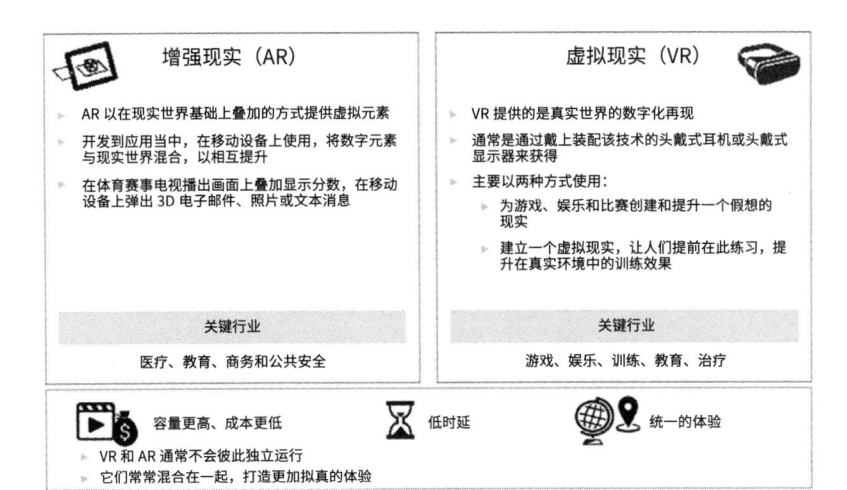

第二部分 | 数字化战略的实施与推动

```
┌─────────────────────────────────────┬─────────────────────────────────────┐
│         增强现实（AR）              │         虚拟现实（VR）              │
├─────────────────────────────────────┼─────────────────────────────────────┤
│ ▶ AR 以在现实世界基础上叠加的方式   │ ▶ VR 提供的是真实世界的数字化再现   │
│   提供虚拟元素                      │ ▶ 通常是通过戴上装配该技术的头戴式  │
│ ▶ 开发到应用当中，在移动设备上使用，│   耳机或头戴式显示器来获得          │
│   将数字元素与现实世界混合，以相互  │ ▶ 主要以两种方式使用：              │
│   提升                              │   ▶ 为游戏、娱乐和比赛创建和提升一  │
│ ▶ 在体育赛事电视播出画面上叠加显示  │     个假想的现实                    │
│   分数，在移动设备上弹出 3D 电子邮  │   ▶ 建立一个虚拟现实，让人们提前在  │
│   件、照片或文本消息                │     此练习，提升在真实环境中的训练  │
│                                     │     效果                            │
├─────────────────────────────────────┼─────────────────────────────────────┤
│             关键行业                │             关键行业                │
│   医疗、教育、商务和公共安全        │   游戏、娱乐、训练、教育、治疗      │
└─────────────────────────────────────┴─────────────────────────────────────┘
   容量更高、成本更低      低时延              统一的体验
▶ VR 和 AR 通常不会彼此独立运行
▶ 它们常常混合在一起，打造更加拟真的体验
```

图 4-3　增强现实（AR）和虚拟现实（VR）

宽支撑，以突破链接的极限。由于具备高容量、统一体验、一致的高数据速率以及较低的时延等特征，5G 是提供移动性的核心所在，可丰富社交体验，解决视觉延迟导致的不适以及设备电池寿命等问题。

低时延让 AR/VR 的画面能够清晰而稳定地呈现，所以我们能真正体会到"远隔万里却身临其境"的神奇。在 AR/VR 技术螺旋式上升的过程中，基础教育、职业技能培训、游戏行业面临的将是重构战役。

技术创新发挥作用需要一定的时间，组织、商业以及社会面对元宇宙等新概念、新事物并做出改变需要更长的时间。未来虽然无法想象和预测，但这并不影响我们对未来的好奇。

数字孪生：制造业数字化转型技术关键点

数字孪生（digital twin）这一技术体系的应用正逐步向工业生产的各个领域渗透。这一技术体系不仅可以帮助产品建立能够实现虚实融合的数字孪生模型，也可以帮助企业建立工厂的数字孪生模型（以实现可视化、透明化，优化设备布局和工厂物流，提高设备绩效），为促进产品全生命周期管理、远程操控、设备健康监测与管理等提供了更多可能。数字孪生技术是数字化转型升级的关键综合应用。

数字孪生是制造业的未来

数字孪生、物联网 IoT 和机器学习的配合使用让数据带来行动。数字孪生通过物理映射的模型来远程监控，通过数据来控制。根据从各种物联网传感器获得的实时数据不断适应运行变化，并借助机器学习和人工智能预测相应物理计算物的未来。

数字孪生整合来自人工智能、软件分析、机器学习的数据来构建数字仿真模型，可以提供物体变化和变化模型的数据。它以数字的方式为物理对象创建虚拟模型，以模拟它们的行为。虚拟模型可以通过数据了解物理行为的状态，并估计和分析其动态变化过程。

所有的物理对象都将具有嵌入式计算和通信能力，这样它们就能够感知环境并相互通信以提供服务。这些智能互连和互操作性也被称为机器对机器（M2M）通信。由于传感器和执行器的可用性增加及其价格变得平民化，因此数据采集变得相对容易。

物理世界和虚拟世界的融合是信息物理系统（cyber-physical systems，CPS）领域的热门话题，是工业4.0的关键。CPS是一个综合了计算、网络和物理环境的多维复杂系统，通过3C（computation、communication、control）技术的有机融合与深度协作，实现大型工程系统的实时感知、动态控制和信息服务。CPS也实现了计算、通信与物理系统的一体化设计，可使系统更加可靠、高效、实时协同，具有重要且广泛的应用前景。

最初，数字孪生是一个为预测性维护而创建物理资产模型的概念。它充分利用物理模型、传感器、运行历史数据等，在虚拟空间中完成映射，从而监控和识别与其真实物理对应物的潜在问题，结合基于物理的模型和数据驱动的分析来预测物理孪生对象的剩余使用寿命（remaining useful life，RUL）。很多人只是简单地将数字孪生视为一个映射模型，其实这并没有抓住其核心。我认为其核心是RUL预测和数据协同控制。

数字孪生包括实体空间中的物理产品、虚拟空间中的虚拟产品以及将虚拟和真实产品联系在一起的数据和信息链接这三个主要部分。收集和分析海量的制造数据，寻找其中的信息和链接是智能制造的关键。

数字孪生的技术架构

数字孪生的基本架构包括传感器和测量技术、物联网和机器学习。

从计算的角度来看，推动数字孪生的关键是数据和信息融合，这会催生对信息从原始传感器数据流向更高级别的数据理解和洞察。基于物理的模型和数据驱动实现数字孪生的关键功能是提供资产的准确运营状态，这样才有助于数字孪生反映其相应物理孪生体的预警、异常检测、预测和优化的能力。

物联网通过其智能网关和边缘计算设备进行实时数据采集，随后融合预处理的传感数据可以喂养数字孪生模型，而离线数据经过文本/数据挖掘算法处理后也将输入数字孪生体。数字孪生使用了建模和分析技术来创建特定目标的模型（如飞机的关键部件等）。因此，数字孪生经常用于预测性维护工作，以实现准确预测。当然背后需要使用从物联网传感器上获取的数据，以及机器学习与算法的处理。

数字孪生的四种主流应用

数字孪生通过为制造单元中的关键资产提供预测服务来帮助企业确定相关的行动方案。物联网的日益普及是企业利用数字孪生体系来提升其能力和服务质量的理想选择。目前，数字孪生有以下四种应用。

1. 性能优化。数字孪生有助于确定最佳参数和操作以及一些关键性能指标最大化,为长期规划提供预测。例如,美国航空航天局(NASA)提出并采用了对航天器安全性和可靠性优化的监测和优化。通过调节和改进生产过程中的参数,对制造中使用的很多机器进行参数设置。例如,在注塑中可能需要控制塑料的温度、冷却时间、速度等,所有这些参数都可能会受到各种外部因素(如温度等)的影响,通过收集所有这些数据可以改进自动设置和调整机器的参数。

2. 运行维护。数字孪生可以通过分析不同条件下产生的数据来分析运维表现。远程设备运维经常涉及跨工厂、跨地域设备维护、远程问题定位等场景,数字孪生可以提高运行和维护效率,降低成本。例如,通过可视化赛车引擎来识别赛车所需的维护(或即将烧毁的组件)。

3. 机器制造。数字孪生也被用于创建和开发真实机器的数字副本。来自真实机器的数据可被加载到数字模型中,以便在实际制造开始之前就可以对想法进行模拟和测试。例如,美国国家航空航天局使用数字孪生对空间飞行器进行仿真分析、检测和预测,辅助地面管控人员进行决策。

4. 改善客户体验。客户是影响企业战略和决策最关键的变量之一。完善客户体验以保留和探索新客户是企业日常经营的重点。因此,企业可以通过直接创建面向客户的应用程序的数字孪生来获得即时反馈,从而提高客户服务水平。

数字孪生在实际应用中面临的四个挑战

1. 产品生命周期管理、制造执行系统和运营管理等多系统数字孪生模型的一致性与更新存在挑战。一旦将工艺计划链接到制造执行系统后，企业就需要使用云服务器上的数字孪生模型来生成与生产工艺设计相关的详细工作指令。因此，如果生产环境有任何变化，那么整个过程都需要依据设计和计划来做出相应更新。

2. 如何更好地构建数字孪生与物理网络的连接关系。海量的产品模型可以帮助企业设计出优秀的产品。

3. 如何将大数据分析整合进数字孪生模型。当直接从生产设备采集实时数据时，需要同时刷新数字孪生模型上的信息。在将产品设计方案与实际制造结果进行对比时，分析大数据可以识别两者是否存在差异并找出原因。

4. 目前，将不同的工程模型集成到数字孪生系统中还没有优化方法。特定领域的工具之间存在数据传输限制。

机器学习、人工智能和物联网丰富了数字孪生

随着物联网设备使用的普及，随之而来的是这些设备产生的大量数据。在 IoT- 云通信模式（IoT-cloud communication models）下，设备生成的大数据的增量可能会导致云服务的延迟。

在人工智能领域，我们可以使用动态贝叶斯初始化的数字孪生

来跟踪基于时间变量的演变并进行结构监测。在物联网领域，物理软件模型依赖传感器数据来了解其状态、响应变化、改进运营，并由人工智能来增强数字孪生功能。

在制造业中，物联网设备在产品全生命周期中生成数据。这些数据一般来自以下几个方面。

- 制造系统，如制造执行系统（manufacturing execution system，MES）、产品数据管理（product data management，PDM）系统、软件配置管理（software configuration management，SCM）系统、企业资源计划（enterprise resource planning，ERP）系统，以及来自其他辅助系统如计算机辅助设计和制造（computer aided design/computer aided manufacturing，CAD/CAM）系统、计算机辅助工程（computer aided engineering，CAE）系统等。
- 互联网/用户，例如来自电商平台、社交媒体、短视频平台等。
- 制造设备的实时性能、产品数据材料、环境等。

企业可以通过传感器、API、软件开发工具包（software development kit，SDK）等收集数据，在处理和分析数据之前，要进行清洗这个关键动作。这些经过清理的数据被整合和存储起来，用于交换和共享。此外，使用人工智能、机器学习、深度学习等先进数据分析方法和工具进行的实时数据或离线数据分析和挖掘可以通过云计算来处理。从大量动态和模糊的数据中提取有价值的信息，能使制造商加深对产品生命周期的各个阶段的理解。因此，这将有助于制造企业做出更理性、更智慧的商业决策。

大数据、云和信息物理系统的融合是数字化转型的关键

信息物理系统（CPS）让控制物理环境变得非常容易。物理系统从现实世界收集感官信息，并通过通信技术（无线）将它们发送到数字孪生计算模块。物联网/CPS和手机的兴起使产品更加互联和可访问，大量数据可被准确获得，企业通过及时、准确的决策执行进一步实现主动管理。因此，人、数据、智能算法的融合对数字化制造的效率有着深远的影响。

海量数据的采集、可视化和分析是智能制造的关键。数字孪生可以管理和优化整个制造过程（从原材料的输入到成品的输出）。虚拟车间包括操作人员、材料、设备、工具、环境等的物理模型以及行为、规则、动力学和许多其他因素。产品虚拟模型被用来建立产品数字孪生，产品数字孪生将始终与产品保持同步以探索新的增值服务机会。例如：

- 使用中的产品将受到实时监控，产品数字孪生不断记录产品的使用状态、环境数据、运行参数等数据；
- 模拟产品在不同环境中的运行情况，因此可以确定不同的环境参数和操作行为会对产品稳定性、寿命和性能产生哪些影响，从而有效管理物理产品的状态和行为；
- 数字孪生基于实物产品的实时数据和历史数据，可预测产品的剩余寿命、故障发生概率等数据。

企业可以根据对运行状况、剩余寿命和故障的预测进行主动维护，避免突然停机。此外，当产品的虚拟模型出现故障时，企业可以直观地诊断和分析故障，从而将故障部位的位置和故障的根本原因显示给用户。

数字孪生可以为企业提供对其生产和工作设施、设备进行保养、维修（maintenance、repair、operation，MRO）的指南。在开始MRO之前，企业需先了解基于VR/AR在虚拟世界中开展MRO的演练，以进行预测分析。由于虚拟模型忠实地反映了零件的机械结构及其耦合，它可以识别MRO策略是否为有效的、可执行的和最优化的。产品生命周期不同阶段的数据被积累起来，可为下一代产品的创新做出贡献。

在设计阶段，产品创新依赖于对市场偏好和客户需求的准确解读。一旦设计发生变化，制造过程就需要更新，包括更新材料清单、流程和分配新资源。因此，数字孪生、大数据和服务的融合实现了生产、计划优化和制造过程的实时性。

在产品的日常运营和MRO中，实物产品的虚拟模型通过传感器与产品的真实状态同步，可实时生成产品的运行状态和组件的健康状态。除了传感器数据，数字孪生还集成了历史数据（如维护记录、能耗等）。通过对这些数据的分析，产品数字孪生可以持续预测产品的状态和剩余寿命、产品和发生故障的可能性。数字孪生还可以通过比较实际产品响应和预测特定场景下的产品响应来分析未知问题，从而提高产品寿命和维护效率，降低维护成本。

数字孪生已被华为、特斯拉、GE 等许多公司作为战略性选择以及下一代核心的基础设施，这些公司都在专注于开发 CPS 相关技术和利用各种平台。

从安全的角度来看，数字孪生也对智能制造系统的安全性提出了新挑战。例如，对物理基础设施、设备和环境的破坏很可能仅仅因为制造系统中的执行器与这些物体相连接而发生。企业从一开始就应关注物联网和机器学习的安全问题，并与智能制造系统中的功能集成。

数字孪生是一种重要的思维模式与实践。抓住了它，就是牵住了智能制造与工业 4.0 的牛鼻子。

第 5 章

数字化产品战略与选择

在探讨了数字化转型战略、商业模式等话题后,现在是时候谈谈关于产品、市场的数字化转型了。

数字化转型有自上而下、自下而上两种类型。自上而下是建构性思维;自下而上是演化迭代思维。现实中没有泾渭分明与主义之争,更多的是融合与因地制宜的选择。

产品与市场层面的数字化常常成为企业数字化转型的破局点、起点,因为它们可以打开数字化转型之门,然后企业再调整商业模式、组织架构和战略方针。这是典型的自下而上的数字化转型。那么产品与市场的数字化转型如何下手?是从新技术特性下手,还是从行业问题下手?我认为应该从行业的问题下手,再嫁接创新的数字技术,让技术为我所用。对数字技术拥有者、革命者而言,他们需要思考如何找到应用场景,实现技术的规模化、商业化和货币化。

产品的数字化转型

企业就是一个价值交付体系,产品是企业与世界发生关系互动的主要媒介。数字化转型的一切努力与结果都会在产品与服务上体现出来。

产品数字化的核心逻辑是找到用户的高频、刚需与痛点,通过数字科技和相关资源来有创造性地满足客户;不去凭空想象,以问题贴地飞行,时刻不忘为用户创造价值的初心。

我们先从服务业数字化转型标杆——贝壳找房谈起。贝壳找房是链家地产旗下的一个子品牌。当其他中介公司还在关心怎么抢客户、抢房源等问题时,链家地产的左晖及其团队已经在思考这样一个问题:"房地产中介行业会不会出现一个像滴滴和美团那样的线上平台,来整合所有线下中介?如果我来当这样的一个颠覆者,那么我需要解决行业中的哪几个根本矛盾才有可能成功颠覆行业?"

链家地产的数字化转型就从这个灵魂问题出发了。他们开始寻找行业的高频、刚需和痛点,并列出了地产中介行业以下五个深层次矛盾。

- 服务者和消费者之间的矛盾:"房源信息到底是不是真的?"
- 经纪人之间的竞争矛盾:"你多卖一套房子,我就少卖一套房子、少挣一笔钱。"
- 行业周期性风险:中介行业每三年一个周期,遇到经济下行或者楼市政策调整，行业就会遭受冲击，人员会流失，到下一个周期就得重新培养。
- 前台和后台的矛盾：前台（经纪人）卖房能拿到丰厚佣金，但是后台的行政、IT拿不到。前台对后台提需求的时候，后台可能不积极做出响应。
- 经纪人和公司的矛盾：经纪人对公司品牌认同度不高，很容易单飞。

在贝壳找房产品数字化过程中，最难的并不是技术，而是价值分配（付出/收入）的数字化、日常流程的数字化。数字化转型可以将一套房产的交易流程细化拆分成多个环节，并实现数字化，如房源录入、房源维护、客源、撮合成交等。在同一笔交易中，如果有一笔房产交易成功了，不同的经纪人在不同的环节有所贡献，他们就都能拿到相应比例的佣金。例如，别人卖了一套你上传的房源，你也能拿到分成；你要是带人去看过一套房，过两个月客人从别人手中买下了这套房，你也还能拿到佣金。分工合作，效率飙升。

链家是一家传统的线下房产中介公司，通过成功的产品和业务数字化转型，该公司迅速转型为一个线上房产服务平台。这是传统企业数字化转型的典型案例，值得我们从逻辑、路径与产品层面复盘。

那么，数字化转型要从哪里寻找高频、刚需和痛点？我认为可以从顾客（产品、市场和售后流程等）、员工（让他们不快乐、不爽、心烦的原因)、组织的持续竞争优势(行业未来会持续很久的痛点)以及平台和生态系统(供应商、经销商和合作伙伴等)四个方向入手,然后在各个方向上按照体量、频次和价值点等维度找出问题并排序来寻找解决方案,这就是数字化转型的路线图。

数字化无法自动解决你的业务问题,而是在你明确了问题后帮你找到解决方案。华为公司高级副总裁、首席信息官陶景文曾分享过华为内部的数字化转型案例。

华为的货物必须在供应链的站点上签收。有一次,团队发现有个配件虽然站点显示签收了,但就是找不着,最后发现原来是合作伙伴嫌麻烦,不想跑到站点上去签收,就在办公室签收了,签收后直接把货物往桌子底下一塞,在站点当然找不着。在理清了业务痛点与场景后,华为数字化团队要解决的问题也就很明确了:找到一种数字化技术,既方便收货人签收,也能限定他必须在站点签收。该团队很快就完成了产品扫码签收的数字化——拿着手机扫一下就可以签收。同时,华为也使用GPS定位在站点周围画了一个圈,只有在这个圈的范围内才能签收,否则签收无效。条形码扫描和GPS定位这两种技术已经很常见了,但如果你不知道业务要解决的问题到底是什么,那你可能完全用不上它们。

企业可以开发一套真正对业务有效、对一线门店员工友好的系统,以真正实现赋能终端。百丽集团经过探索,搭建了大算、百灵两套数据系统,首先满足的是门店店员更加高效地完成统计销量、售罄率、临期等数据的需求，这不仅实现了实时的数据管理，而且打通了线上和线下的数据。这都是产品数字化转型的范畴，也是我们推动数字化转型的落脚点。

数字化转型一定要先了解业务场景，确定问题到底是什么。找到高频、刚需和痛点才是开启数字化转型的关键。

链接阅读 | 从"人找血"到"血找人"的血联网的前世今生

U-Blood 物联网血液安全管理方案的前身是物联网血液冰箱。

我国国内临床用血仍普遍然采用传统的输血科取血、用血科用血的流程。血液申领与病人用血之间如果出现信息不一致，可能就会出现以下情况：血液制品从血库出库后没有得到恰当的保存，后续无法正常使用；一次性从血库取回过多血液，血液无法回收，造成浪费；输血延迟，患者的生命安全无法得到保证等。

海尔生物医疗发现了医疗机构的痛点，针对血液的储运管理，开发了 U-Blood 物联网智能血液转运箱智能冷链监测及控制系统。冷链监测系统可实现温湿度数据和位置信息的采集上报、记录、追溯和查询等功能，上述信息可做到现场实时打印。图像识别和智能芯片技术在物联网智能血液转运箱的创新应用，实现了储品智能识别，并通过物联网技术实现了储品环境信息实时监控上报、超限报警记录及分析、运输全程轨迹定位等功能，实现了对血液的可追溯智能化管理，填补了行业空白。

从物联网血液冰箱切入，海尔生物医疗着力打造物联网血液生态品牌，高效连接中心血站和医院供血服务。生态内的血站、医院、患者之间用血信息的交互和共享保障了临床用血的快捷、安全、高效和零浪费。

数字化转型不应只盯着技术，更要从产品哲学开始

做任何事，其实都是在展示我们内心的天性。

我们身处数字化时代，同时也邂逅新消费时代。技术是工具，要为我们所用。我们的目的是创造并且满足顾客需求。

我认为，在产品的数字化转型过程中，我们很有必要从产品哲学中寻找魂。数字化时代，我们对产品的认知除了功能层面的高频、刚需、痛点，也必须在认知层面有所突破。

我们经常会听到人生哲学、商业经营哲学，但是产品哲学却鲜有人问津。给企业做顾问时，我会问企业家："你们做产品的哲学是什么？"虽然互联网企业家中很多都是产品经理出身，但是能够清晰讲出他们所坚持的产品哲学的企业家少之又少。我想，很多企业家都有自己的产品理念，并没有将它们命名为产品哲学。

产品哲学就是我们在做产品时坚持或认可的理念，具有一定的稳定性、时效性和动态性。正如人生哲学是我们看待世界、处理关系的原则，产品哲学是产品的价值观和产品的魂。例如，Google产品的哲学是创新、开放、简洁、不作恶；腾讯的产品哲学是小步快跑，试错迭代；小米产品的哲学是专注、极致、口碑、快！产品哲学贯穿在产品的生命周期中，涉及产品研发、产品上市、产品经营等方面。它不只指导我们去坚持什么，还界定我们不要做什么。

没有产品哲学的产品或者团队可能少了份信念和坚持，可能会面对无序和恐慌。产品的研发和经营过程中，如果没有判断标准，就很难做出取舍，而产品哲学就是我们的标准之一。有些企业即使有产品哲学，在坚持过程中也往往会表现出摇摆不定。例如，某产品本来是坚持去中心化的构建，但在设计过程中却耐不住中心化的诱惑，突兀添加中心化的入口组件，从而破坏了产品的一致性。

去中心化与中心化的选择

我们可以从产品自身、产品与用户、产品与社会、产品与经营等理念的角度来对产品哲学进行分类。选择中心化还是去中心化的产品哲学？近年来，随着Web3.0吹响了号角，越来越多的产品走向去中心化。

大家为什么会热捧Web3.0这个概念？我认为，更多的是源自之前Web2.0存在一些问题，如平台把持数据及权力等。

人们给 Web3.0 的概念和定义虽然不统一，但都认为它关注以下四种需求：

- 数据确权与授权；
- 去中心化运行；
- 数据资产经营与管理；
- 隐私保护与自主权。

我们不必掉入技术的陷阱，重要的是，我们要具备 Web3.0 的思维模式，这是我们抓住新商机、理解大时代背景的关键。它的核心是一场去中心化的平权运动，即民有、民治、民享。民有，就是数据彻底归我们自己，任何人不能掌握，区块链钱包从技术上确保了这一点；民治，通过 DAO 等，每个人都可以投票决定自己的发展；民享，利益取之于民、用之于民，如 LinksDAO，它正在创建一个拥有高尔夫爱好者社区的虚拟乡村俱乐部。其中，"民有"是最重要的一点。

Web3.0 的经营逻辑是把所有权分享给不同的利益相关者，所有参与方都会努力把项目做大。DAO 和 Web3.0 让企业更像一个边界模糊的流动组织，而人们可以灵活地为多个组织工作，以实现生产效率的最大化。

让世界更顺滑、公平是 Web3.0 产品与理念的追求。

中心化与去中心化更多体现在对待客户、组织数据的方式上。

如何对待不同的用户，是否做到了平等对待？为什么样的人服务？选择什么样的用户？这些话题背后的答案就是围绕产品和用户关系构建起的产品哲学。

中心化和去中心化体现在集权与分权，如果从互联网传播形式来诠释，就是我说你听的广播模式和人人有个小喇叭的广场模式。门户网站的产品组织是中心化的，而去中心化的典型有豆瓣、知乎、快手等。产品哲学有中心化和去中心化的理念，但在一线运营和产品开发中，中心化和去中心化的理念是融合在互联网产品中的。

中心化和去中心化都对应着信息或资源的流动。中心化意味着中心节点对信息和资源流动的控制或者约束，去中心化意味着个体对选择和平等比较重视，如推荐是中心化，搜索是去中心化。有人曾经这样问微信创始人张小龙：小程序的入口在哪里？他说，小程序在微信里是没有入口的，也不会有一个类似商店的地方把小程序聚集起来。微信公众号在微信里其实也没有入口，用户如果没有订阅过任何一个公众号，就找不到这样一个入口。小程序也是一样的，如果用户没有运行过任何一个小程序，那么他在微信里也找不到小程序的入口。微信一直倡导的是去中心化产品哲学。张小龙说，用户能搜到小程序，但是微信会极力限制搜索，避免滥用，这样才能保证小程序是通过一种用户触达的方式来运作的。

中心化的产品哲学和运营哲学剥夺了普通个体发声的机会，让阶层板结更加牢固。快手联合创始人宿华曾分享过快手App在从之前的GIF图片工具，一步步迭代成为今天短视频平台的过程中而逐渐形成的去中心化产品哲学。他曾公开深情地表述过他的产品哲学："我希望产品能够帮助每一个个体把他一生的回忆记录下来，每一个个体、每一个个人把他看到的世界、他看到的自己记录下来，并在我们的平台上分享给其他所有人，汇总在一起就形成了这个世界的记忆，形成了这个世界的投影，形成了这个世界的一面镜子。每个人在镜子里既可以看到其他人，也可以看到自己。这就是我们能够提供的社会价值。"正如快手被互联网圈内人形容为"一群庞大的、常年被忽略的群体，用一种'常人'觉得荒诞可笑的方式进入了互联网"，我想这正是去中心化产品哲学的力量。

普惠金融产品以农民、小微企业、低收入人群、残疾人、老年人等特殊群体为服务对象。孟加拉乡村银行创始人尤努斯教授在走访学校附近的乔布拉村时发现，贫困者最大的困境是缺乏摆脱贫困的手段。很多贫困家庭本可以搞一些手工业等小本经营，但就是没有启动资金。其实这笔资金的数目不大，但没有一家银行或正规贷款机构愿意发放这样的贷款。一方面，放贷方的收益微不足道；另一方面，金融机构片面地认为这些人的信用水平低，还款能力差，收回贷款的风险很高。以专门为贫困家庭服务的产品哲学最终让尤努斯教授创建了孟加拉乡村银行，这种模式也获得了世界的认可。

坚持个性就是产品的意义

由产品自身来定义价值或信仰，这种产品哲学占据主流，也最常见。例如,"极简""少即是多""传递快乐""极致""绿色""安全"等。一旦确定关于产品的哲学,在产品的管理和经营过程中做选择就会容易得多,尤其是在杜绝那些有悖于价值观的研发的时候。

产品自身的哲学是产品最本真的东西,也是最具有区别性的元素。苹果产品的"极简"哲学是乔布斯在公司成立之初就确立的。乔布斯将禅宗"空"的理念应用在产品设计上,从 iMac、iPod、iPad 到 iPhone,都有简洁的外观、极简的操控方式,这些产品最终征服了世界。

无印良品(MUJI)创始之初就以"没有商标与优质"作为产品哲学。不强调所谓的流行,转而以平实的产品还原商品价值,并在似有若无的设计中将产品升华至文化消费层面。无印良品的产品只使用黑白相间、褐色、蓝色等配色,这也是无印良品独有的定位。

从漫画延伸至电影、儿童游乐园等,迪士尼公司构建起一个完整的 IP 链条,成为全球 IP 运营最成功的品牌之一。迪士尼乐园是该公司 IP 经营的核心,自创建初期就确定"提供快乐"作为服务的哲学。之后,迪士尼乐园要求员工首先要"百分百快乐",确保在工作的时候是发自内心的快乐,并能带给他人快乐。迪士尼乐园严格呵护快乐团队,新员工面试中将应聘者的天生快乐指数列为第一原则。在执行快乐服务(产品)哲学中,迪士尼乐园重构了工作流程和话语。例如,不设立"人事部",而设立"角色分派中心";不称员工从事的工作为"岗位",取而代之的是"角色";不称员工为"职员"，而是"演员"；员工上班穿的服装不是"制服""工作服"，而是"戏服"；迪士尼乐园不是"工作场所"，而是为孩子们"提供快乐的大舞台"。员工耳濡目染，将快乐传递给来访的每个人。

Zappos 是美国一个卖鞋的 B2C 网站，谢家华是其创始人之一，他将其产品服务哲学定义为传递快乐，而不是卖鞋子。用户在 Zappos 下单买一双鞋子，Zappos 会为其匹配关联的三双鞋，用户试穿后可以把不合适的两双寄回去，不用支付邮费。Zappos 在江湖上还有一个让人津津乐道的服务就是待客热情，这种热情不是虚情假意，不是培训出来的。考核员工的第一标准是客户快乐、客户满意。传递快乐需要快乐的员工，Zappos 的员工如果因为干得不开心而辞职就会得到公司的道歉和 2000 美元赔偿。

产品新信念：低碳、ESG 下的产品与社会关系

如何处理和看待产品和社会关系？

社会正从物质贫乏走向物质充裕，年轻消费族群的兴起以及新消费文化理念深入人心。新一代消费者是怀疑的一代，想寻求新的东西来满足他们的需求，他们想寻找社会价值。企业要注重社会价值、社会责任。

Toms 是美国设计师布雷克·麦考斯（Blake Mycoskie）创立的品牌。麦考斯在阿根廷旅行时看到贫困家庭的孩子没有鞋子穿，就突发奇想创立了该品牌。该公司宣称，消费者每买一双 Toms 的鞋

子，他们就会为非洲孩子送出一双鞋子。正是因为 One For One 这种产品哲学，Toms 轻松收获了市场的认可。2011 年，该公司又发起了护眼行动，将 One for One 模式进一步拓展至眼镜领域，提出每售出一副太阳眼镜或者镜框，他们就会帮助一名眼疾患者恢复视力。

人们会从不同维度对产品哲学进行分类，但这些分类并不是互相排斥的，更多的是融合的关系。雷军提出的关于产品的"专注、极致、口碑、快"七字诀涉及产品自身和用户的维度。周鸿祎提出的"用户体验和免费"涉及产品和用户、产品和运营等维度。产品哲学没有绝对意义的优劣，只有适合不适合。

产品是个生命体，一直在成长和演化。作为产品的创造者、培育者、经营者，我们建立产品哲学也必将是个过程，我们也将在变化中前行。拥有与时代、社会、用户以及自身合拍的产品哲学将是一件很美妙的事情。

产品数字化转型需要产品团队的能力转型

产品的数字化转型常常需要组织的能力转型。组织之前已经具备了产品设计、研发、制造、生产和维修的能力，现在需要具备与 IoT、大数据、AI 等新技术相关的新数字化能力。为此，组织需要加大以下两类人才的招募。

第一类，技术领域人才。从物联网到区块链，从数据库到人工智能，新兴技术的潜力令人惊叹。尽管其中许多技术越来越容易使用，但要理解任何特定技术是如何为转型做出贡献的、如何使该技术适应业务的特定需求，以及如何将其与现有系统集成是极其困难的。更复杂的是，大多数企业都有巨大的技术债务——难以改变的遗留技术与系统。

一个更关键的问题是很多业务人员已经对 IT 部门驱动重大变化的能力失去了信心，因为 IT 部门的职责主要在于最基础的保持设备正常运行。然而，数字化转型最终必须实现数字化、传感器化、智能化，重建技术信任至关重要。这意味着技术人员必须通过每项技术创新来证明与展示自己的业务价值。

第二类，数据领域人才。数字化转型需要更高质量的数据和数据分析。产品在进行数字化转型时，需要企业理解新的非结构化数据类型以及企业外部的大量数据。我发现一个有趣的矛盾：大多数企业都知道数据很重要，也知道那些数据质量很差，却因为没有将角色和职责安排到位而浪费了大量资源。

企业需要的是精通数据技术的人才，更重要的是这些人才需要具备能够说服大量一线人员承担起收集客户数据、数据创建者等新角色的能力。要帮助一线员工改进工作流程，帮助他们正确地创建和收集数据。技术是数字化转型的引擎，数据是燃料，流程是引导系统。

除了招募以上两类人才来建设团队，在产品数字化转型时，产品团队的能力转型最为关键。我们以华为产品研发团队的能力转型为例。

集成产品开发（integrated product development，IPD）的基本思想来源于产品流程开发及产品生命周期优化法（product and cycle excellence，PACE）这一理念。IPD 流程变革的核心是要形成由市场营销、研发系统、生产、用户服务、财务、采购等部门人员组成的贯穿整个产品业务流程的管理模式，即从客户需求、概念形成、产品研究开发、产品发布等一直到产品生命周期管理的完整过程。

华为在产品研发过程中曾面临着混乱无序的状态，产品版本号已经超过了 1000 个，当时其产品研发和管理都已经陷入了低效的陷阱。产品线越拉越长，市场响应速度逐渐变慢，产品按期交付能力受到严重损害。串行研发导致开发周期很长，所以产品研发被动地响应市场需求且缺乏整体规划，导致维护成本很高，影响了客户的满意度。研发部门重视技术与功能的开发，对产品可靠性与稳定性的重视不够，产品研发人员闭门造车，脱离客户需求，研发浪费十分严重。产品交付质量不稳定，频发的售后服务问题冲击了研发节奏，影响了商品利润。整个公司严重依赖"英雄"，"部门墙"较厚，组织能力较弱。

华为高层下了非常大的决心来推动 IPD 变革。在组建变革指导委员会时，任正非将这些来自各部门的高管召集到一起，并且安排人员接替他们原来的工作。这也就等于告诉他们，若是 IPD 流程变革失败，他们就无法回到原来的岗位上。这些压力迫使变革指导委员会中的每位成员都努力地去推动 IPD 流程变革的实施。

他们首先确认了新的能力方向。IPD 流程变革是从流程重整和产品重整两个方面来变革整个产品开发能力和开发模式，主要包括八个关键要素：结构化流程、跨部门团队、项目及管道管理、业务分层、异步开发与共用基础模块 CBB、需求管理、投资组合管理、衡量指标。

任正非等华为高层领导从项目初期开始就非常支持 IPD 业务变革。领导宣讲的同时组织内部培训 IPD 理论，获得员工尤其是领导层对 IPD 方法论的理解和支持。通过培训，让公司所有三级以上的管理者都能了解 IPD 变革项目，为后期的 IPD 推行排除思想上的障碍。IBM 顾问分五次对公司四级以上管理者做了 IPD 理论和 IPD 在 IBM 实施概况的培训，共有 200 余位来自公司各大部门的高层管理者参加了培训。此后由 IPD 核心项目组成员担任培训老师，对公司所有三级以上管理者进行了数十场 IPD 方法论的培训，旨在使各级管理者了解 IPD 基本概念、IBM 如何通过 IPD 取得辉煌业绩、各功能部门在 IPD 中的主要作用以及今后职责的定位等，累计参加人数 1340 人。

华为的员工评价系统也有了一些调整，IPD 的执行情况也被纳入了员工考核中。除了财务指标之外，还增加了员工对 IPD 流程的执行情况和工作流程的规范性的考核。公司采用了"一岗一薪"的制度，若是员工无法通过考核，就将对员工的工作岗位进行调整，而相应的工资也会有调整。

华为 IPD 积累短期胜利历时超过三年，从 1999 年到 2003 年，华为在不同的产品线上试验 IPD 系统，从试点单位收集了大量数据，并且反复讨论 IPD 的每一个细节，让员工在思想上接受了这一套工作方法。在较长时间的准备之后，很多员工，特别是变革指导委员会中的成员都对 IPD 有了比较深刻的理解，而后华为才在全公司范围内成立团队，将 IPD 推广到了全公司，并且将部分变革指导委员会的成员派到每个新成立的管理团队中去，以指导并且监督 IPD 变革的具体实施。

当 IPD 的核心内涵被大部分员工理解并接受之后，华为开始对原有的 IPD 体系进行优化。由于每个产品开发团队只负责一个产品版本的开发，在这个层面上进行独立的成本核算比较难。为了解决这个问题，华为在 IBM 原有的架构中加进去业务管理团队，负责单一产品的管理，重新设计了 IPD 跨团队部门架构。这个调整前后用了大约两年的时间。

研发的 IT 求助系统和经验库的建设为新手快速求助和学习提供了保障，以便尽快胜任工作。在基层通过大量的范本、规范和操作指导书，业务运作格式化、规范化，通过电子流运转等方法，保证业务信息在端到端的流程里贯通"上游""下游"的工作和理解一致，从整体上大大提升了公司的产品技术能力。

第6章

数字化市场与销售战略实践

耐克公司一直在积极拥抱互联网信息化、电子商务、社交媒体等新模式。该公司结合其长期面临的挑战和未来将要面临的增长挑战,确立了体系化的数字化转型战略。首先,确定了数字化转型的三个目标,即市场营销创新、加快新产品上市速度以及即时有效地与客户联结。这三个目标更多聚焦在实现市场品牌形象、客户体验、销售等角度的数字化。

为此,耐克公司的数字化转型是这样开展的:先从数据分析开始,专注于数字消费者数据,挖掘消费者需求趋势与隐性力量;团队在硅谷学习产品经理开发课程与体系,积极用新流程开发新产品,压缩新品开发周期,实现更快的市场响应;构建数字化用户体验,招兵买马改进用户体验,更新新零售策略;优化数字营销活动,通过社交网络、社会化客户关系管理(social customer relationship management，SCRM）和私域流量战略，努力与消费者良性互动；通过数字化科技加持，开设概念店，创造了更多的会员触达机会，并改善了在线和应用程序的客户体验。

数字化转型的结果很快就体现在耐克公司的股价上：从52美元上涨到108美元。我们从耐克公司的数字化转型案例中可以得到以下启示。

第一，依靠市场数字化分析获得洞察力，做出明智决策并提供更好的客户体验。

第二，零售业务最接近数字技术应用场景，营销技术（MarTech）团队很关键。MarTech可以帮助企业通过依靠技术和数据配置营销资源，优化企业的营销策略，实现营销活动的全链路自动化，帮助企业以营销来驱动运营，优化用户管理，制定营销策略。

第三，企业在进行数字化转型时要清晰地知道自己想要什么、每个转型阶段的主要矛盾，不要眉毛胡子一把抓。

营销与销售在数字化转型中占据最核心的位置。虽然产品与技术在不断丰富，但在一定的时空约束下，它们在物理功能层面必然是同质化的，我们需要清醒地接受这个现实。在营销、客户体验、销售层面进行数字化转型，以更好地创造价值和获得竞争优势是无法绕开的一个选项。

数字化时代营销和销售的内核与方向

在面临数字化转型的时候，管理者常常有这样的疑问："我们认认真真做线下，是不是就不用数字化转型了？我的客户就在当地，或者用户的群体特别窄，是不是市场营销和销售就不需要数字化转型了？"那些按照传统方式做市场的管理者也会常常跟我说，如果看不到销售人员、经销商、合作伙伴做线下的地推，他们的心里就很不踏实。

当面对这种问题时，我经常会问他们一句话："传统的营销和销售方式与数字化时代的营销和销售方式的区别和相同点在哪里？"虽然他们经常会说营销是一对多，销售更多的是一对一，但是在数字化时代，营销与销售正在出现融合趋势。

你给客户打电话，这个过程是在传递信息、影响客户；在电视台做广告也是在传递信息，影响上下游相关的客户，最终获得品牌知名度或订单；直播带货本质上是借助直播的形式来有效地传递产品和促销等信息，促进消费者购买；短视频营销、朋友圈营销、短信营销、拜访客户、打印传单等市场活动，本质上也是在传递信息，影响潜在客户，最终完成销售转化以及相关的营销和销售的目的。

传统的营销和销售方式与数字化时代的营销和销售方式的共同点是传递信息以达成商业目的，那么它们的区别是什么？

我认为主要有以下三点：成本（时间、人力、金钱）、效率（传递信息）和客户体验（客户是否喜欢传递信息的方式）。

数字化转型下，营销与销售可以在相同的资金投入和人力成本前提下，是否可以在相对较短的时间内传递信息，以覆盖更多潜在客户，同时实现成本更低、效率更高，其中最关键的是客户是否喜欢你用数字化方式（直播、短视频、元宇宙等）来传递信息和解决方案。

我经常说："直播带货的本质是超级销售话术的数字化。超级销售在线下只能一对一传递信息，影响销售订单；而在直播间里，你可以将超级销售的销售话术（内容/信息）更有效地数字化，完成一次性针对更多的人去传递信息，影响客户完成销售转化。"

不管你是面向 C 端的客户，还是面向 B 端（组织采购型）客户，如果数字化时代的市场做得好，很多销售人员就会被优化或者调整。当然，在大客户销售以及工业品采购的 B2B 类型销售过程中，后端的谈判和人与人之间关系的维护等很多动作还是需要线下完成，只不过在 B2B 营销和销售的前期与中期，甚至在销售完成以后客户关系的维护都需要数字化。我认为这就是企业数字化转型中在市场与销售这个功能领域的关键节点。

数字化转型中的营销与销售要考虑是否能够利用数字化的技术与工具来更有效地向目标客户传递信息，影响其购买决策，最终促成商业指数级增长和获得竞争战略优势。

数字化时代营销与销售过程中最关键的问题是如何能够将日常经营情况、经营指标等素材改写成可以传播的信息和内容，并通过数字化方式有效地传递给产业链上下游的相关用户，以达成以下特定目标。

- 拉新：将素材改写成产品信息，有效传递给潜在新客户。
- 激活：将素材改写成优惠、活动等信息，有效传递给老客户。
- 实体店数字化引流：将素材改写成相关信息，传递给周围3千米~5千米范围内的潜在客户（当然也包括客户的自传播）。对实体店而言，面对几百家零售店或者相关的服务机构（银行支分行、美容院、汽车维修服务点等），在数字化时代有效地吸引周围3千米~5千米的潜在客户，是未来10年实体店业绩增长的关键点。
- 市场份额增长：将素材改写成相关信息，有效传递给潜在新客户、竞争对手的客户，影响他们的态度和购买行为。

不管是促销，还是新品上市，都需要用数字化营销降低成本、更有效地影响周围的客户。这种能力是每家银行支行、加油站、汽车零售服务店、美容院的店长以及相关人员在数字化时代营销与运营的最重要的能力。实体店需要有数字化营销和本地化获客的能力，并结合自身日常的运营决定是拉新、是激活还是采用其他策略，不能靠自然流量或等客上门。

作为数字化转型顾问，我经常会被问这个问题：在数字化时代，企业如何有效地去获取竞争对手的客户，做大市场？类似这样的问题只要你敢想，清晰地表达目的，那么营销和销售的数字化就有可能找到系统的解决方案。我的回答是：在不违反法律法规和职业道德的情况下，只需为竞争对手的客户定制化相关信息和内容，然后通过数字化工具精准有效地传递出去即可。这样你的促销信息、产品信息就可以精准影响竞争对手客户的心智与购买决策。有些企业已经将这种能力日常化、流程化、制度化，作为它们独特的、秘而不宣的竞争法宝。

数字化时代传递信息的三种方式

当你将日常经营情况和经营指标改写成能够实现传播的内容和信息后，接下来要面对的问题就是如何有效地借助数字化工具将它们传递给目标客户。从目前看，主要有以下三种方式。

1. 传统的广告和渠道（销售经理、经销商、实体店等）。在数字化时代，我们需要考虑的是数字化渠道与传统渠道的协同和创新。这种方式具有可控性、成本低等众多优势。用好、用足是关键。

2. 算法传播。在数字化时代，我们需要关注以今日头条、抖音、小红书等为代表的 AI 算法形式的信息传播方式。让算法帮我们将内容推荐给目标客户，让内容去找客户。例如，你可以在抖音上传相关主题的短视频，当你做好标签、短视频内容后，算法就会将这个内容精准推荐给潜在相关客户。算法传播日益变得重要，但在这个层面，你可以做的却非常有限。你可以通过长期实践来摸索出算法推荐的游戏规则，接下来能做的只是将你的商业信息改写成能够满足算法推荐规则的信息。

3. 自传播。当你的内容满足了相关客户的诉求，那么他们会积极、主动地分享。这些内容就会沿着人际关系的链条来传播，也许你就能达成你的商业目标。

实体店如何精准吸引周围3千米~5千米的客户

对实体店而言，实现数字化转型最关键的一个问题是如何能够针对周围3千米~5千米的客户、流量做精准匹配，最好是0成本运营。你需要做以下五项工作。

1. 将实体店周围3千米~5千米的所有道路的路名、关键性地标、小区名称等写出来，在这个基础上再加上你的产品、用户需求等关键词。

2. 完成搜索引擎、视频平台的优化工作。在百度、抖音、小红书、视频号等相关平台入口牢牢卡位相关的关键词。目的是通过内容优化、500字短视频文案标签的精准覆盖，为客户后续检索的长尾流量奠定坚实的基础。

3. 做私域流量，经营自己的客户关系。把老客户拉到本地化的群里，记住不是要简单地发广告。我们可以学习中式快餐店老乡鸡的操作，其社群的主要功能是发布优惠券、福利等有价值的信息，直接导向销售，既不做无用功，也不骚扰客户。这是许多没有社群经营团队和能力的组织的不二选择。

4. 寻找潜伏到周边小区业主微信群的机会，为未来商业内容的传播做好计划。

5. "经营"客户服务人员的个人朋友圈。有了信任的基础，个人的朋友圈也能成为本地化商业促销、新品等信息渗透的漏斗和节点，量也许不大，但非常精准。考虑到后期可能产生裂变，这不容小觑。

如果你能做好上述五项工作，那么实体店 90% 的工作就完成了数字化转型。

培养持续输出内容的能力

持续输出内容需要的是流程化的组织行为和结构化的内容。

关于流程化，我们需要根据日常经营中遇到的问题（如新店成立、新产品上市、促销、塑造品牌等），确定内容传播的方向，然后组织内容的选择、生产、制作与发布的工作。一家企业输出内容的能力强，说白了就是其持续跑通了输出内容的整个流程。

流程化的组织行为是指内容的持续产出不能只依靠个别员工，需要销售、市场、客服、维修、外部资源等部门一起参与到话题选择、创造、编辑、传播等过程中。

内容结构化要求我们要重点关注年轻化、女性化和数字化这三个方向的内容。年轻化的新内容形式包括游戏竞技、剧本杀、脱口秀、B 站上的视频内容等；女性化的内容包括小红书、闲鱼等 App 上的内容；数字化的内容包括元宇宙、数字藏品、VR、AR 等话题。

> **链接阅读**

非同质化通证（non-fungible token，NFT）是在区块链上经过身份验证的独特数字物品。为什么 NFT 会如此热门？除了令人瞠目结舌的价格，NFT 还催生了由创意者、收藏家和投机者组成的社群。每个新成功的 NFT 项目都会产生一个新的社群，该社群以一套独特的价值观、态度和规范为基础。

NFT 作为一种社会技术现象，正在打开通往新型数字体验的窗口，这种体验使人们可以投资于独特的资产，同时参与真实的社群。

数字营销人员敏锐地意识到围绕消费者隐私法规和飞涨的客户获取成本所面临的日益严峻的挑战，需要寻找新的方式来吸引下一波超级消费者（"95 后""00 后"）。

除了炒作和猜测之外，NFT 还为营销人员提供了真正的机会。它们为品牌与客户建立联系创造了一种新的、许可的、匿名的方式。它们满足了客户在手机上出现吸引人的广告的需求，而不会觉得他们的身份对于向他们做广告的品牌来说过于透明。

NFT 或不可替代的代币是区块链上的一种资产，具有唯一的识别码和元数据，这些代码和元数据都是独一无二的并且可以与其他任何一个区分开来。NFT 用作收据，将谁在什么时间购买或接收或与什么交互，保存到区块链的永久记录中。两方交互的记录为 NFT 像 CRM 一样发挥作用奠定了基础。

精明的品牌开始将 NFT 的机会视为一种与数字原生民和年轻人建立联系的新方法。那我们要如何应用 NFT 呢？可以通过以下途径。

1. 向用户提供专属礼品、卡券、会员权益。

2. 打造 NFT 装备。可口可乐推出了名为 Coca-Cola Friendship Box 的 NFT 装备，玩家可以在 Decentraland（一个基于以太坊区块链的去中心化虚拟现实平台）中使用。

3. 形成用户的品牌参与感和认同感，NFT 作品成为用户展示的"社交货币"。

4. 通过 NFT 作品与实物产品进行联动，形成矩阵和溢价。

5. 与头部 NFT 项目进行跨界营销，相当于 IP 借势。

6. 通过 NFT 的发行来测试收集用户反馈，反哺产品研发体系。

7. 通过 NFT 来奖励用户贡献，形成 NFT 积分制下的社群创作经济。

我们应该如何迈出 NFT 的第一步呢？进入 NFT 世界的第一步应该从参与开始，如通过参与 NFT 或授权团队成员成为业务传道者。通过 NFT 购买者和社群成员的直接参与而获得的第一手信息将使你的团队能够获得第六感，这将成为 NFT 项目上的指路明灯。

反对者说 NFT 只不过是"毫无价值的 JPG",一种注定要被抛弃的互联网历史的时尚品。但也有许多人认为 NFT 是迈向超数字未来(元宇宙)的第一步。在元宇宙中,我们的体验将是由数据、人工智能和个性化增强组成的混合现实体验。拥抱并积极参与是数字化的第一原则。

战略性客户增长与选择

产品导向型企业更倾向于考虑当前的价值,而不是客户的长期价值。经营客户关系的企业能够充分理解和平衡短期和长期成功,立足于长期主义。

企业一直在为获得客户、留存客户以及客户销售转化这三个基本目标而努力奋斗着。关系是那些制定了客户驱动战略的企业最看重的,也是它们的核心竞争力,能够与重视客户价值的商业模式有机地结合起来。客户与企业之间的交流形成了双方都能受益的模式。当企业通过专业化的服务满足了客户的需求时,客户就会向企业提供信息,作为一种回报。

如图 6-1 所示,企业可以从产品和服务的定制程度及其与客户的互动程度等方面来寻找适合自己的营销战略,以达到更好的营销效果。

```
高 ↑
          |
与         |  Ⅲ 大数据营销      |  Ⅳ 个性化互动营销
客         |                  |
户         |------------------|------------------
互         |                  |
动         |  Ⅰ 大众化营销      |  Ⅱ 窄众产品营销
程         |                  |
度         |
低         └──────────────────────────────→
              产品和服务的定制程度
```

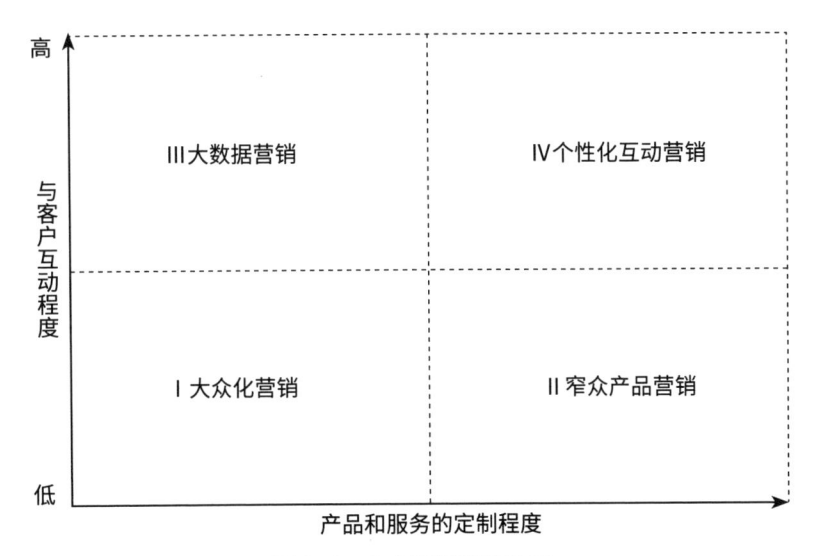

图 6-1　企业营销战略地图

象限Ⅰ：大众化营销。以成本为最基本因素展开竞争的企业建立在规模经济和低成本基础上。选择这种营销战略的企业聚焦于产品的实用性和价格竞争。

象限Ⅱ：窄众产品营销。选择这种营销战略的企业专注于所选择的目标市场或窄小的市场。营销仍然是以同一种方式向所有人提供同样的东西，只不过面向小规模的群体。

象限Ⅲ：大数据营销。选择这种营销战略的企业能够更有效率地使用大数据和客户信息，以有效地进行营销。这类企业会继续沿用传统的战略，以更低廉的成本提供产品和服务。

象限Ⅳ：个性化互动营销。选择这种营销战略的企业会通过客户信息去预测客户的需求，有能力以不同的方式去对待不同的客户，并与客户协同创造新价值。

象限Ⅰ到象限Ⅲ中的企业最主要的注意力始终都是放在所销售的产品和服务上，会用眼睛为自己的产品和服务寻找客户。而在象限Ⅳ中的企业会把最主要的注意力放在客户身上，为自己和客户创造价值。

企业如果想在战略营销地图上向右移动，就需要提高产品和服务的灵活性，如逐步采用个性化设计，为客户提供独特的产品。

奈飞公司的创始人雷德·哈斯汀斯（Reed Hastings）认为，如果奈飞真的有一个秘密武器，那就是"我们非常仔细和战略性地思考了要为哪类客户提供优质服务"。

奈飞和所有的网站一样，都面临着用户流失的问题。哈斯汀斯回忆说，公司刚成立时，每年秋天都有大量新用户注册，但到了春天，客户流失率开始成倍上升。他认为原因是春季时，人们更喜欢选择户外活动。他说："我们和最热门的景点呈现相反的状况。它们热时，我们冷；它们冷时，我们反倒热起来了。"

哈斯汀斯说："我们努力工作以防止客户流失，但客户流失不会要了我们的命。事实上，从某种程度上说，流失是公司发展的自然组成部分。我们不应该想方设法阻止客户离开你的网站；相反，要让人们很方便地进出网站，这样，用户回来的可能性反而更大。"

莺屋书店从创业开始就引入了电子标签系统，同时在店内所有书架上配了读取器。这一新技术的采用减少了读者在寻找书籍时花费的时间。此外，电子标签也使完全自助收银成为现实，读者只需将购买的书籍堆放在自助收银台的桌面上，无需逐本扫描标签，便可通过机器自行结账。在结账时，会员信息又与书籍上的电子标签联动，购买信息被实时收集、记录、存储并分析。通过专业的数据分析，工作人员可以调整书架上不同类型书籍的排序和组合，方便读者购买。

莺屋书店的每一项营销决策都不仅仅是由管理者凭借其过去的经验做出的，而是有大数据作为依据。团队通过分析超过 600 万会员的信息，以了解顾客的消费行为并应用于销售管理，达到增加销售的目的。例如，团队通过分析购买特定书籍的顾客的其他消费行为发现，将某类书籍与零售品摆放在一起能够实现最大的销售效果。

ABM：数字时代 To B 企业营销和销售新范式

目标客户营销（account based marketing，ABM）是一种将营销资源聚焦于瞄准和培育高质量客户，实现以获客和成交转换为目的的营销策略。

ABM 将重点集中在目标客户身上，在其购买旅程的每一个阶段给予个性化、针对性的体验，在合适的时间提供合适的内容和服务，最大限度地提升客户成交率，促进业绩增长。这种策略能够让营销和销售团队实现协同配合，提升营销资源的利用率，使营销活动带来的收益回报最大化。

不仅仅是 To B 企业可以使用 ABM，只要你的客户是精准的群体，如实体店、银行支行、汽车销售等服务机构，目标客户就在你周围 3 千米～5 千米的范围内，那么你的微信群、抖音号、微信公众号等社交媒体账号就可以借鉴 ABM 的思路把内容做到精准化，让数字化时代的营销和销售实现本地化和精准化。

一个案例讲明白 ABM

我曾经有这样一位客户，他的公司销售的是煤矿工程机械类的产品，所以目标客户非常清晰，相对聚焦。过往，该公司的产品销售模式更多的是拜访、顾问式销售、大客户销售等，他们往往聚焦于线下人际关系的往来和传统意义上的销售技巧。那么，数字化转型时代，B2B 工业品销售如何实现数字化？

刚开始，我鼓励该公司采用 ABM 策略，并进行数字化新销售的转型，但管理层仍习惯于打传统的人际关系牌，严重怀疑数字化销售的效果，甚至不容分说就直接拒绝，背后的潜台词是"客户这么单一，直接线下拜访得了"。他们认为，数字营销和销售的方式不够精准或者无法精准地触达客户。

在我的帮助下，该公司先做了一段关于介绍煤矿机械的短视频，并以"地区+客户公司名字+行业+行话"的标题发布在抖音和视频号上。抖音和视频号的算法会找到特定的人群,这也就是常说的兴趣电商可以应用于工业品行业。

你做的内容精准、鲜活、有针对性、有价值,煤矿集团的朋友点了个赞或者从头到尾地看了相关的评论并进行分享后,算法就会认为该内容对他的同事也有价值,并进行推荐。集团员工看到后重复了同样的行为,煤矿集团的领导和同事也会看到该内容。此时,该内容就会沿着你看不见的数字化关系网络渗透和传播。这就是一个非常典型的 ABM 式营销与销售创新。

让内容精准地在特定目标客户群体中传播,再结合传统的线下销售、客户互动、招投标等方式就可以完成数字化销售。

看过这个案例,不妨思考一下:如果你的目标客户很明确或者你想影响关键决策人,那么你就可以定向地、通过数字化的方式来影响他们。ABM 能够做到"随风潜入夜,润物细无声"。

ABM 的本质就是围绕目标客户来做内容、做数字化的营销、做数字化的销售。精准地跨越网络时空以达成营销和销售目的,关键在于围绕特定的、小众的 To B 客户来制作定向的内容。

实践 ABM 要关注以下四点。

第一,实践 ABM 最关键的是要懂用户。要真正了解购买决策层、采购群体、财务以及关键决策人的需求和痛点。在此基础上,再开展内容营销、数字化销售、社交销售才有实现目标的可能性。

第二，让营销更专注，内容更聚焦。在精准和数字化的双重加持下，让营销更有效，也更有获得感。在执行过程中，不少企业并没有深刻领悟 ABM 的精髓。

第三，内容要新鲜、有相关性、有用，当然也要有趣。既然你的目标客户是确定的，就要紧紧围绕当下正在发生的、有价值的、鲜活的内容。这是 ABM 最重要也是最具挑战性的点。从我的经验和提供的解决方案来看，你需要整合销售人员、客户团队、专家、产品研发人员、业界意见领袖和外部咨询机构等，每两周开个碰头会，探讨业界最近的热点，这可以让你持续性、结构化地输出内容，这样的 ABM 非常鲜活且有针对性，客户当然愿意接受。

第四，保持适度的联结效率。连结不宜过快，也不宜过少。通过联结，可以有效地屏蔽竞争对手，也可以激发需求和寻找销售线索，这才是关键。

数字化时代来临，用户呈现部落化、垂直深井化，在接下来相当长的时间，ABM 或将成为 To B 行业或者小众垂直行业的关键营销方式。

这是一个范式转换的时代，数字化的新销售、数字化时代的B2B、B2C 的营销正在逐步从多个角度涌现出来，但远未定型。ABM 也是不同类型、不同规模的企业在从传统的销售过渡到数字销售的过程中，需要因地制宜地开展它们的营销与销售活动的尝试。

数字化客户旅程与消费者决策

传统营销与销售部门的功能在数字化时代正在融合，它们的共同目标是有效传递信息，影响客户，获取商业价值。数字化时代，你需要根据消费者在不同购买阶段的需求，有效匹配相关的内容以辅助消费者决策，影响和说服他们达成商业目的。

AIDA 模型（如图 6–2 所示）是国际推销专家海因茨·戈德曼（Heinz Goldmann）提出的。他认为消费者从接触外界营销信息到完成购买行为，根据其反应程度的不同，可划分为注意（attention）、兴趣（interest）、欲望（desire）和行动（action）四个连续的阶段，AIDA 就是上述四个阶段英语单词首字母的组合。该模式被可口可乐、耐克和苹果等公司广泛使用。

其中，注意是指将消费者的注意力吸引到你的产品或服务上；兴趣是指增加消费者对你的产品或服务的兴趣；欲望是指让消费者想要你的产品或服务；行动是指为消费者发起购买你的产品或服务的行动。

AIDA 模型

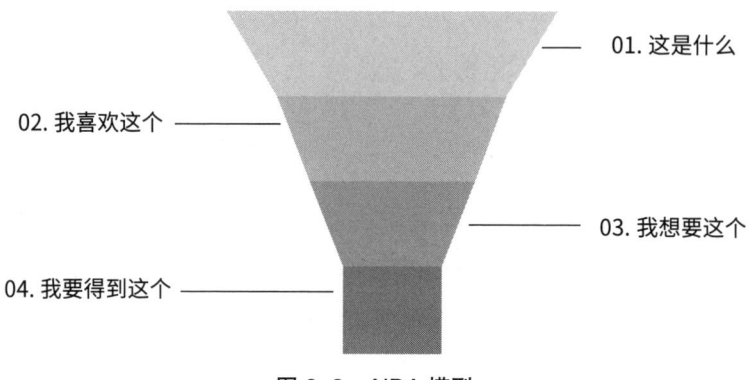

```
                                    ── 01. 这是什么
02. 我喜欢这个 ──────

                               ── 03. 我想要这个
04. 我要得到这个 ──────
```

图 6-2　AIDA 模型

让我们来详细研究一下这四个阶段。

第一阶段：注意阶段

在注意阶段，你面临的关键挑战是激发消费者认识到你的产品和服务的必要性。消费者在这个阶段不会认真审视产品和服务，更多的是从他们自己的问题出发。

如果你是一个生活教练，潜在客户可能会问：我的生活目的和方向是什么？

如果你是床垫销售，潜在客户可能会问：为什么我醒来的时候背部会疼痛？

在数字化市场漏斗的顶端，潜在客户需要内容，而你的工作应该是创造内容，激发消费者感知到需求并提出正确的问题。这是你将潜在客户转化为客户的关键。

第二阶段：兴趣阶段

在这个阶段，潜在客户了解了自己的问题并对你的业务有所了解，但消费者想了解更多。然而，消费者还没有准备好购买你的产品，他们仍然在寻找可能的解决方案。

人们通常会寻找多个可能的解决方案来解决自身的问题。例如，消费者需要做一些事情来解决自己的背部疼痛，但他们不太确定你的床垫是不是适合自己的解决方案。换句话说，消费者正在寻找解决方案的类型，而不是评估解决方案的提供者。

这时你需要的内容是告诉消费者你的床垫如何能帮助消费者摆脱背痛，以及他们为什么应该购买你的床垫。

第三阶段：欲望阶段

消费者可能正在考虑你以及你竞争对手的产品。你的潜在客户处于漏斗的中部，知道他们所面对问题和潜在解决方案的优劣点。

而且，最重要的是他们已经准备好购买解决方案。这时你应该提出有竞争力的方案。免费送货、额外赠送或折扣等可以使你的方案与你的竞争对手区分开来。

第四阶段：行动阶段

在数字化销售漏斗的最底部，人们将采取行动，你会通过专业的流程将市场线索成功转化为客户购买。在这个阶段，你还可以考虑如何把一次购买变成多次购买。

即使消费者决定不与你做生意，你的努力也可以产生效果：构建数字化连接的努力，为未来创造潜在的机会，以保持在消费者可选择的列表中。你可以鼓励消费者留下反馈。

当然，即使客户购买了你的产品，整个流程其实也并没有结束。数字化时代，关注回头客和品牌拥护者又是一个新征程。

我们现在以奈飞为例，看看这家公司是如何应用AIDA模式的。

在注意阶段，奈飞会通过视频广告、搜索引擎广告以及与互联网服务提供商合作来让人们了解其服务。

在兴趣阶段，一旦有人访问公司网站，奈飞就会为访问者提供一个月的免费试用，让他们可以测试产品的特性，并探索平台上可用的电视节目范围。

在欲望阶段，奈飞会凭借各种价值卖点，如无广告的高质量内容、下载视频的权益和个性化推荐等，让访问者产生订阅公司服务的愿望。

在行动阶段，奈飞会通过提供多种订阅计划以及多种功能（如随时选择和随时取消等），将访问者转变为付费客户。

客户旅程能够相遇，关键在关键词

关键词优化是数字营销中的一个核心问题。从短视频、小红书、B 站、知乎，到传统的搜索引擎，如果你想在网络空间实现商业目的（客户品牌认知、引流、销售、公关），背后唯一的抓手就是关键词。

关键词有不同的分类方法。

按搜索量分类，可将关键词分为高搜索量的词、低搜索量的词、无搜索量的词。这种分类方法可以帮助企业对数据体量有个了解。你可以从客户检索意图，或行业长尾词搜索聚合量级及流量线索布局来看你所在行业关键词矩阵，这是每一个新媒体营销人的核心工作任务。

按客户的搜索意图分类，可将关键词分为业务关键词、品牌关键词、相关关键词。将商业内容有效匹配客户可以增强转化率与订单。

按关键词重要程度分类，可将关键词分为核心关键词、长尾关键词。大家往往忽略了长尾关键词，只去核心关键词，但长尾关键词具有精准性高、转化率高等特性。

想要实现关键词自由，企业就需要做好以下三件事。

第一件事，关键词分级、分类。按照具体的行业来划分，围绕客户的关注点来划分，然后将该业务方向拆成 10 ~ 20 个细分方向，就得到了一级关键词。如果可支配的资源有限，建议尽可能挖掘行业中优质的中长尾关键词。如果行业热门关键词太多，企业可能没有能力承载这些关键词，也无法对其进行优化。

第二件事，关键词拓展。通过为一级关键词加前缀、后缀、形容词，从而得到指向性更明确的关键词。例如，一级关键词是"雅思考试"，那么"2022年雅思考试"就是一个二级关键词。

第三件事，二级关键词的延伸，常以短语、短句的形式出现。此类关键词指向性更加明确，可以通过在知乎、简书、百度知道、百家号等平台上用内容优化来实现。关键词延伸的效果如何，你可以通过看以下三个数据：一看周均搜索量，二看关键词与你产品需求是否匹配，三看搜索结果竞争难度。

数字化时代的销售漏斗与购买决策

企业市场数字化常犯的一个错误是，数字化信息传递与销售拜访并没有与消费者购买决策漏斗阶段相协调。如果你不能有效提供适合的信息，那么潜在客户将无法依靠漏斗来完成购买决策，带来不必要的摩擦与阻力。

因此，使你的信息传递符合背景是很重要的。无论你想制作什么类型的内容，它都应该把人们从一个阶段带到下一个阶段。

评估不同阶段的内容方向的标准是你有没有抓住主要矛盾。内容就是用来解决客户处在购买特定阶段的需求的。

AIDA 是从消费者购买的角度来划分过程,但是如果从企业管理与市场运营的角度来看,目前通用的方法是将过程看成一个转化的漏斗,是逐步筛选客户与匹配的过程。

市场漏斗模型可以分为漏斗的顶端 ToFu（top of the funnel）、漏斗的中部 MoFu（middle of the funnel）、漏斗的底部 BoFu（bottom of the funnel）。漏斗顶端属于注意阶段,即消费者对产品或服务的认识阶段；漏斗的中部属于兴趣阶段、欲望阶段,即消费者考虑购买的阶段；漏斗底部属于行动阶段,即消费者做出购买决定的阶段。

数字化营销与销售即可简化为：在漏斗的顶端,为需要发现你的人做内容；在漏斗的中部,为即将了解你的人写内容；在漏斗底部,为你想转化为客户的人做内容。

漏斗顶端（注意阶段）问题/需求识别

让人们知道你的存在！

人们可能从未听说过你的公司或者产品,所以你必须让消费者知道你的存在！在这个阶段,你的目标应该是通过相关且信息丰富的内容吸引尽可能多的客户了解你。你应该专注于提高知名度的活动,以便人们知道你。核心是用什么类型的内容触动消费者的痛点,并使其有意识地认为你的解决方案可能是理想选择。

在漏斗顶端可以做的数字化营销努力有以下五项。

1. **搜索引擎优化 SEO**。你需要进行关键词分析，以了解哪些关键词具有高搜索价值。有的关键词高价值高竞争，有的低价值低竞争，为此要采取不同的优化内容策略。例如，针对关键词的研究，创建一篇关于买家很容易找到的特定问题或痛点的概述内容。我特别想提醒的是，要关注长尾关键词，这些词虽然搜索量不大，但是却与你的产品垂直细分关联，值得用心优化。

你需要努力在不同平台上获得靠前的排名与曝光机会。例如，在抖音平台上检索关键词是不是在首页？在小红书上检索相关问题，是不是可以看到你？

Hubspot 就是通过漏斗营销来吸引消费者兴趣的。Hubspot 通过创新实践，制作了许多有价值的内容，因此消费者将公司的网站视为有用的资源。该品牌提供信息丰富且详细的指南、电子书、视频教程、营销工具包、博客文章和网络研讨会。高质量的内容是免费且引人入胜的。这是 Hubspot 在谷歌排名靠前的秘诀，也是这家公司快速成为市值数十亿美元的公司的秘诀。

> **链接阅读** | **知乎通过问答引流的营销技巧**
>
> 在知乎上问答营销的关键就是两点：一个是"选"，一个是"提问"。
>
> 如何选问题：可以通过不断细分与你的生意关联的关键词搜索来找

问题，核心是看浏览量、回答数、评论数。

浏览量高、回答量低：做回答，回答认真些，争取成为默认首荐。

浏览量高、回答量高、评论量低：做评论。

浏览量高、回答量高、评论量高：回答要剑走偏锋，给出崭新角度。

如何提问题：关键是要切中一个具体场景，要有高频细致类的描述，让阅读者更有代入感，也可以让回答更有针对性，这样提的问题更有独到性。

提问时你还要注意，这个问题的核心关键词是什么，未来客户会不会搜索，这决定了持续流量与商业回报。

2. 在线广告。要想在 ToFu 阶段吸引客户，可以在网站和搜索引擎上在线投放广告。百度广告、抖音与小红书的信息流广告都是不错的选择。可以根据用户的位置、访问习惯、性别和 cookie 等其他信息结合相关算法推荐，精确展示相关广告。这样做就是为了获取潜在客户的注意与关注。

3. 短视频、直播。在短视频与直播平台上积极发布与产品相关的内容，仔细操作相关关键词、吸引人的标题和互动策划。视频应该很短，应该只是挑明问题，提出解决问题的方向，而不是系统的解决方案。通过这样的内容营销努力，你可以有针对性地获取特定人群的注意与关注，为后续的转化漏斗打开流量入口。视频大时代才刚刚开始，数字化市场转型必不可少。

4. **社交媒体营销**。许多社交媒体网站也允许投放广告以吸引关注者、销售产品、开展宣传活动或获取潜在客户。在广告期间，你可以从活动类型（产生销售线索的活动）、人口统计（年龄、性别、位置等）和兴趣（使用关键字）等进行选择。社交媒体营销时，你还可以与 KOL/KOC 合作，让他们帮助你传递产品信息，获得用户注意。

5. **其他渠道**。播客、白皮书（就你的买家面临的问题撰写更深入的文章集）、电子邮件营销和信息图表（提供视觉格式，帮助买家了解他们面临的问题或疑问），都可以用在 ToFu 阶段来完成阶段性目的。

在 ToFu 阶段，你需要查看在线和社交媒体营销活动的分析结果，通过查看访问量、点击率、用户交互参与度、评论数、流量来源以了解潜在客户。

| 链接阅读 |

铟泰（Indium）是一家特殊合金和焊剂的制造商和供应商，向全球范围内的电子、半导体、太阳能和其他市场出售相关原料。

该公司认识到了社会化媒体的重要性，计划从专业知识的角度下手，最终选择从博客开始内容营销。通过关键词搜索，找到公司所处的这个细分行业常用的热门关键词（列出几十个），潜在的客户可能会搜索这些热门的关键词，而且搜索这些关键词的人往往是行业内人士，存在较大的商业机会。

该公司针对这些热门关键词进行内容的生产和发布，核心是围绕这些热门关键词做深度的阐述并提供价值。例如，某生产主管写的有关易熔合的特殊属性的博客内容同时会被企业博客有关易熔合金的栏目收录。经过不断积累，铟泰成为所在行业重点关键词，网络内容的聚集地。这最终也体现在企业的销售额上，与铟泰联系的客户增加了60%。

没有哪个内容主题因为利基太小而不受到用户欢迎，反而是因为你的内容很利基，所以对目标客户的影响深远。铟泰全员参与内容建设，无形中培养了一批行业的意见领袖，在不同的细分领域都具有一定影响力。员工的魅力嫁接到企业，两者交相辉映，最终奠定企业的江湖地位。

漏斗中部（兴趣和欲望阶段）的信息搜索 / 备选方案评估

你的努力是将访问者转化为潜在客户！

这个阶段的目标是将你的浏览客户转变为潜在客户。你可以分析留住客户的方法，并提前计划设计新访客的参与度，并计划进一步吸引感兴趣的客户。

为客户提供相关有价值的内容，以便你的访问者学习，目的是建立信任。你的潜在客户在这个阶段主要是研究与筛选解决方案。

在销售漏斗中部阶段非常有效的内容有以下几种类型。

1. 成功案例。案例研究在注意阶段和兴趣阶段都很有效。向你的潜在客户展示你为现有客户提供方案的成功事例，可以创造出戏剧性的结果。一个好的案例研究可以提供量化的数据和详细信息，说明你是如何帮助客户解决问题的。

向潜在客户展示你的成功案例是引起他们对你的产品感兴趣的绝佳好方法。原因有几下几点。

- 成功客户案例是影响购买决策过程的关键。
- 成功客户案例本质是内容营销下的故事营销范畴，容易理解。
- 成功客户案例会让客户产生同理心。正确编写的成功故事使读者能够理解成功故事中的客户所面临的问题或挑战——在许多情况下，他们面临着类似的问题。
- 成功客户案例是可信的。对读者来说，这些案例似乎比广告和宣传册更可信。
- 成功客户案例可以精准筛选特定的客户。采用这些案例作为关键营销工具的企业，会为每个类型受众量身定制多个故事。

> **链接阅读** | 创建客户案例研究的七个注意事项

1. 案例研究最重要的就是相关性，要突出显示与你理想客户相似的客户以及相似的痛点和情景，以便你可以轻松与客户建立联系。

2. 讲述整个案例，不要只讲述你的轻松，更重要的是将前因后果都一五一十讲出来。

3. 案例要易于阅读。案例研究应该是详细的，但不要让它成为论文。使用清晰的格式和口语化的语言为宜。

4. 要有数字支撑。讲成功故事很有价值，但证据不可少。要用精确的数字来证明你的价值。

5. 明确点、具体点、讲细节。记住，越有细节，越具体，越有说服力。

6. 呈现格式多元化。案例研究不一定是文字形式，可以考虑视频、信息图表、直播等。

7. 让案例研究容易被找到。在你的网站上突出显示它们，优化它们，并在社交媒体上推广它们。

---

2. 产品比较。 人们习惯于在考虑阶段或兴趣阶段看到产品比较。消费者喜欢看两方面：一个解决方案的优点和缺点。因此，将你的产品或服务与你的竞争对手的产品或服务进行比较，以证明你的解

决方案更好。

3. 内容下载。使用内容来引起客户对你业务的兴趣。通过提供有价值的东西（如电子书或免费的初步咨询）来增加潜在客户量。

为客户提供教育资源（如视频、比较图表、产品页面上列出的相关信息）甚至在线聊天，鼓励客户获取所需的信息，以说服他/她进行购买。

4. 调查问卷。通过调查，你可以收集客户反馈，就产品改进征求建议，让他们有参与感。MoFu 是留住客户和建立关系的阶段，因此调查问卷是一种很好的交互方式，如果你能为完成调查的人提供特别折扣，那会更棒！

MoFu 阶段的任务是创造令人信服的理由，并证明你的产品和服务将使客户的生活更美好。那些几乎已经承诺购买，但需要更多鼓励才能点击购买按钮的客户是你的目标客户。在这个阶段，你面临的挑战是确定客户的动机以及他们的需求和价值观。

在这个阶段，你需要避免过于笼统的内容，以及不能满足非常具体需求的内容。最重点要做的是真正考虑受众角色及其决策的驱动因素；提供有关你的产品的更深入信息，以便客户可以进行深入的评估；通过社交媒体和其他渠道与客户互动，以真实和关怀的方式展示你的品牌；专注于回答"这对我有什么好处"这个问题（客户角度）。

最终成功的标志是，客户确信你的产品和服务是满足他们需求的正确解决方案；他们对你的品牌和业务充满信心，并且几乎准备好购买。

在 MoFu 阶段，你可以根据新访客与回访者的数量、平均客户参与度、点击率、下载的转化率等指标来衡量每个市场活动的潜在客户数量和每个渠道（搜索、社交平台等）的潜在客户数量，这样你就能知道什么是有效的，以及你应该为此投入多少时间和精力。

漏斗底部（行动购买阶段）购买决策

专注于交易！

恭喜，你已到达数字营销与销售漏斗的底部，你终于可以专注于获取潜在客户以转化为客户！现在是时候认真起来了。你的目标是达成一笔交易，必须有一个明确的号召性用语，如"立即购买"。你可以用百分比折扣或限时优惠等方式转化潜在客户，以增加立即进行购买或购买的紧迫感。还可以提供"买一送一"或产品捆绑等优惠，确保让客户进入熟悉的交易时刻。

研究报告显示，60% 的潜在客户常常在与销售代表交谈之前就已经完成了购买旅程的大部分，最后只是确认与交付。BoFu 不是一个可以掉以轻心的阶段，因为你的市场业绩取决于这关键一步。

数字化营销与销售需要结束销售，完成闭环阶段。在漏斗底部对客户进行转化需要以下方法。

- 免费试用期：让人们自己测试你的产品或服务。
- 销售和促销：提供特价和折扣。
- 赠品：部分免费地提供你的产品或服务。
- 实时支持：通过电子邮件和实时聊天，提供 24/7 全天候订单帮助。
- 忠诚度计划：鼓励客户购买更多商品。

在这个阶段，尤其要关注号召行动、临门一脚的工作。你的行动召唤（call to action，CTA）内容应该仔细打磨并且具有视觉吸引力，以驱动客户需要的操作。你可以在电子邮件中添加 CTA 按钮或将其放置在网站上。行动召唤的形式可以是安排演示、请求折扣或注册免费试用。一个完美的行动召唤能直击客户价值诉求，通过有说服力的语言，打消可能的疑问并唤起紧迫感。

在 BoFu 阶段，你的任务是让客户采取购买的最终行动。准备购买的客户是你的沟通对象。你要面临的关键挑战是让客户遵循你的行动召唤立即购买并结账。你需要避免那些笨拙且不方便的购买或注册流程。

最关键的是，你需要给予他们最终的激励，让他们迈出最后一步，这可以通过提供优惠、免费送货、多种付款方式、个性化或其他激励因素来实现。客户完成了付款、注册试用、与你的销售部门取得联系或其他一些明确的行动就证明你最终获得了成功。

客户购买了你的产品，如果感到不满意，甚至可能会试图说服其他人不要使用你的产品。出售产品不仅仅是交易，而是你建立关系的过程。

我认为市场营销数字化转型时，关键在于通过数字化手段与营销努力，帮助消费者自行完成在线产品研究和购买，积极塑造完美的客户体验，获取消费者信任以及推荐。

在漏斗的底部，最重要就是要衡量销售收入。你要评估每项活动和促销优惠的转化率，并跟踪新客户和回头客的数量。你可以问问自己：客户每笔交易的平均收入是多少？如果有机会向消费者销售更多产品和服务，你的客户的消费生命周期价值是多少？

B2C 与 B2B 数字化漏斗

如果你的企业向其他企业提供产品或服务，请记住，虽然 B2C 和 B2B 营销漏斗阶段之间的差异很小，但很重要。

在 B2B 漏斗的顶部 ToFu，你应该以做生意的思维开展相关行动。你已经知道 B2C 客户购买的是情感，而不只是产品或服务。B2B 客户偏理性思考，他们更需要信息，而且是详细的信息。更重要的是，你应该一次针对多个客户，而不是像在 B2C 渠道中那样面对单独个体。

以我曾经的合作伙伴为例。这家企业的主要业务是为企业、政府提供布展设计、展示馆设计。其在专业空间设计和展厅设计上有很高的水准，也是世博会设计的供应商。当时中国的所有城市都在积极地搞城市规划，建设城市规划展示馆。该企业要拓展政府的项目，面临的挑战是规划展示馆设计、布展概念在中国还很新颖，政府不知道有专业的供应商，不知道规划展示馆布展要找谁。该企业刚进入中国不久，知名度不大。企业需要影响的人比较分散，从省市领导、到建设局、规划局领导再到负责招投标的工作人员，甚至城市规划展示馆的建筑、施工单位。

结合实际情况，该企业从目标客户人群下手，从一个规划展示馆的升级项目下手。我们了解到，政府做城市规划展示馆，先是进行建筑招标、建筑施工，然后在既有的空间进行展厅设计。展厅的设计一般都是通过建设局、规划局的中层领导提交招投标的要求、书写标书、邀请投标来完成的。

B2B的内容营销思路是帮助用户解决问题，提供有价值信息，不做自吹自播的营销传播方式。政府相关的工作人员会在互联网上搜索相关信息，如其他城市规划展示馆情况、规划展示馆的布展及注意事项、规划展示馆如何布展、规划展示馆布展的关键点等。企业在工作人员经常检索的关键词、关键问题上下功夫，提供类似《中国规划展示馆精品赏析》《规划展示馆招投标的三部曲》《规划展示馆布展项目工程注意事项》《全球优秀的规划展示馆布展案例分析》等文章、白皮书。通过搜索引擎优化相关的传播渠道，抢占用户获得信息的入口。

通过这些内容，帮助政府相关工作人员获得了规划展示馆布展的信息和相关内容，在这个过程中显示了企业的专业度，无形中引导政府工作人员向企业倡导的标准靠拢。通过专业内容塑造企业在行业的知名度，无形中就使其成了整个行业的代名词，为后续的商业活动做了很好的铺垫。

由于 B2B 客户重视信息，因此在 B2B 漏斗中部吸引客户的方法与在 B2C 漏斗中部吸引客户的方法几乎相同。主要区别在于前者进入下一阶段需要更多时间，因为 B2B 关系的发展周期很长。

ToFu、MoFu 和 BoFu 与电子商务销售漏斗

与需要销售团队跟进销售线索的高价产品或服务不同，电子商务的目标是吸引人们点击"购买"按钮。虽然最终结果会略有不同，但和使用 ToFu、MoFu 和 BoFu 的策略是一个道理。

使用博客、文章、信息图表、列表等 ToFu 内容可以吸引你所在领域的人们的注意。例如，如果你的线上商店销售皮划艇，那么你可以围绕该特定兴趣领域生成内容。类似"皮划艇10大最佳去处"或"皮划艇终极指南"的文章是能吸引潜在买家的内容。

MoFu 内容，如"皮划艇技巧"视频或资深皮划艇买家指南等，将使观众产生更大的兴趣，帮助他们选择购买。

最后，BoFu 内容概述促销、折扣、特价、交付选项、保证以及公司的愿景使命，然后明确呼吁采取行动，这将有助于达成交易并有望促成销售。

营销数字化健康度诊断

在数字化营销漏斗实践过程中,因节奏感与营销努力程度差异将出现多种不同类型的数字化漏斗结构与结果。只有充分识别出自身所处模式存在的问题,方可有针对性完善。

1. 狂风骤雨型漏斗

如图 6-3 所示,狂风骤雨型漏斗是指在没有准备好情况下,一下子涌入巨大流量,或者在漏斗转化的各个阶段流失率(低转化率)过大。

你将许多用户带到你的网站,但他们立即又离开。

为了提高转化效率,你需要专注于网站的内容,更有效地梳理出访问者的路径,辅助访问者进行有效研究、考虑、验证,并做出购买决策。

图 6-3 狂风骤雨型漏斗

2. 稳健型漏斗

稳健型漏斗如图 6-4 所示。在这种漏斗模式下,你的转化稳定、平衡,但是销售业绩是受限的。

图 6-4 稳健型漏斗

为了增加销售额,你需要重点关注流量来源问题、合作渠道拓展、广告投放、数字化引流等。

3. 啰里啰唆型漏斗

啰里啰唆型漏斗如图 6-5 所示。在这种漏斗模式下,可能是偷鸡不成蚀把米,即过分努力或者提供冗余内容导致潜在客户在某个阶段花费太长时间。你在积极地阻止他们的购买热情,忘记了用户在购买研究时是有时间约束和忍耐度的。

在这种情况下,你需要专注于简化冗余内容、体现简洁性,按照客户采取行动的平滑步骤来推进以走向下一步。

图 6-5　啰里啰唆型漏斗

4. 火急火燎型漏斗

火急火燎型漏斗如图 6-6 所示。在这种漏斗模式下，你可能会过快地推动客户通过漏斗全过程。火急火燎的你让客户来不及喘口气和适应环境。例如，不分阶段弹出折扣和特别优惠，可能他们还没有看到你的产品。太急功近利，感受肯定不好！

图 6-6　火急火燎型漏斗

这个漏斗通常与低转化率同时发生。要解决此问题，请仔细绘制客户数字化旅程，并考虑通过非侵入性方法支持客户购买决策。

数字化时代的营销合格线索和销售合格线索

从客户旅程的角度看，B2B 的数字化营销与数字化销售相对来说有一定的时间间隔，为此形成了 B2B 销售 CRM 系统，同时引入了营销合格线索（marketing qualified lead，MQL）和销售合格线索（sales qualified lead，SQL）的概念。

对 B2B 而言，一方面有品牌曝光等诉求，另一方面有直接销售等诉求，相对而言时间间隔短。之前更多的是以流量的转化率、跳出率等追踪访问者行为来驱动转化。数字化加速压缩了时间，驱动了即时性满足，MQL 和 SQL 依然是有价值的思维与流程管理。

为什么 MQL 和 SQL 很重要

如果没有明确的参数来概述谁是 MQL、谁是 SQL，那么整个数字化销售过程将是一场混战，不同的团队从不同的角度轰炸相同的潜在客户。

你不会雇用营销人员来完成销售，你也不会雇用销售人员来提高知名度或兴趣。

潜在客户资格可确保营销和销售团队有明确的界限，让他们知道要追求哪些潜在客户以及客户旅程所处的阶段。

正确地评分和分配 MQL 和 SQL，将让你的数字化销售和数字化营销引擎井井有条且有效。

MQL 的特征与评分

MQL 是在营销投入的基础上，表现出的对品牌的产品或服务感兴趣的线索，也就是更容易转变成客户的线索。MQL 是通过查看特定行为或参与程度来跟踪的，可通过具体的用户行为触发将销售线索提升为 MQL。

MQL 表现出对通过以下行动了解你的产品或解决方案的兴趣：

- 提供基本联系信息；
- 在线观看产品的视频演示；
- 下载免费赠品，如电子书或试用软件；
- 订阅电子邮件通讯；
- 参加网络研讨会。

你的 MQL 可能会在你的网站上花费一定的时间，查看购买指南、对比表格或常见问题（FAQ）页面。在 MoFu 漏斗阶段的营销活动，如提供免费样品、按需演示或客户评价，有助于 MQL 采取下一步行动。

SQL 的特征与评分

SQL 比 MQL 更深入漏斗，MQL 尚未准备好进入购买阶段，而 SQL 处于购买阶段。一旦客户对你的产品表现出浓厚的兴趣，数字化销售团队的工作就是转化。

从 MQL 转化为 SQL 是数字化营销和销售之间的重要协同。美国营销自动化企业 Hubspot 的研究显示，数字化营销和销售部门协同一体化的公司的年销售额平均可以增长 20%。通过调整数字化销售和市场营销的合作方式，将重点放在高质量的销售线索上有利于企业提高客户转化率。

SQL 通过以下操作表明购买解决方案的意图：

- 下载试用产品；
- 请求演示；
- 访问你的定价页面；
- 索要报价方案；
- 要求与销售人员联系。

MQL、SQL 评分与有效实践

在通过销售线索质量标准来划分 MQL 和 SQL 之前，你需要先定义公司的目标客户画像。例如清晰理解目标客户，挖掘客户的需求，紧紧围绕数字化客户旅程。然后，引入线索评分机制，对线索进行优先级排序，你要知道定义线索的质量标准与分值不是一劳永逸的，是动态变化的过程。最后，基于线索的质量和属性值对所有销售线索进行积分排序，可以提高分析线索的效率。

评分模型需要综合考虑销售线索本身的基本信息和交互行为，例如为访问高价值页面（销售指南）、填写高价值表格（直接销售演示请求）或多次查看企业的网站的人提供更高的分值。评分机制在销售和营销协同下时才更有效。

不是所有的销售线索都能成为 MQL，进而转化为 SQL，所以不能只注重线索的数量，必须关注线索的价值性。高价值线索转化成最终订单，转化率才会高。公司要在销售线索的质量和数量上取得一个平衡，若质量要求高，数量就会偏少；若质量要求降低，合格的线索可能就会多一些。

链接阅读 | **你对访问者的数字化行为的评估分值**

下载技术白皮书，+5 分

访问定价页面，+10 分

点击付费广告找到你的网站，+5 分

访问知识库（针对产品），+5 分

访问了"正在招聘"页面——除此之外，-10 分

你需要将访问者的意图数字化，以有效匹配商业销售及转化。目的是总分能够反映出潜在客户的价值，使你能够优先将资源给到关键客户，并制定未来的数字化策略。

从 MQL 到 SQL，数字化营销与销售协同

这个过程需要打破部门壁垒，以客户体验为标准来融合数字化营销与销售。

从本质上讲，MQL 和 SQL 并没有什么不同。它们描述了对你的公司表现出兴趣，但由于某种原因尚未成为你的客户的一群人。主要区别在于他们在买家的旅程中走了多远，以及什么团队负责面对他们。

营销团队负责 MQL，漏斗顶部或中间的潜在客户在买家的旅程中并没有走得太远。与在销售漏斗中走得更远的潜在客户相比，他们需要一种更温和、更通用的沟通方法。

从 MQL 到 SQL 的平稳过渡取决于销售团队和营销团队共享数据的程度。销售团队常常会发现信息无效的潜在客户或尚未准备好购买的潜在客户。如果营销部门对最终客户了解得越多，就可以在

销售人员联系潜在客户之前帮助理清数据。

数字化营销和销售部门之间的协调可以通过最大限度地减少不合格的销售线索来实现。

数字化营销与销售团队对同一目标（即销售收入）负责，为此营销部门应努力提供高质量的线索，而销售部门应在营销部门的基础上自然顺滑地跟进这些线索，以促成转化（如图 6-7 所示）。

你会问 B2C 企业如何进行数字化营销与销售呢？其实与 B2B 企业类似，也需要跨越部门（营销、技术、销售、客服、在线导购等）从消费者的行为阶段来有效沟通，区别对待，直至完成订单。

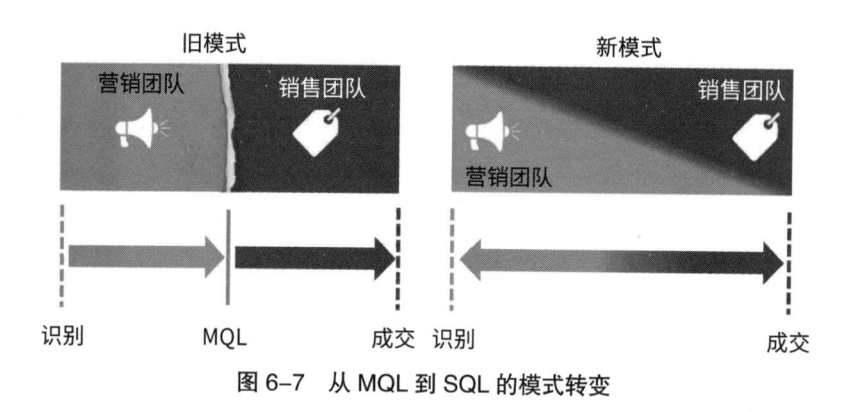

图 6-7 从 MQL 到 SQL 的模式转变

Martech 与营销自动化

营销中的数字化转型意味着将数字技术整合到营销流程中，以提高产品、商品和服务的销售。营销中的数字化转型侧重于：

- 更好地了解客户；
- 个性化、数据驱动的营销；
- 在正确的时间用正确的信息和优惠与正确的客户互动；
- 通过个性化推荐以及快速有效的服务提升客户体验。

实现营销数字化转型的关键技术和趋势有以下九个。

1. 客户分析。客户分析或人工智能是收集和分析客户数据以深入了解客户行为的过程。客户分析使企业能够分析客户互动，以有效管理客户购买旅程。

2. 客户数据平台。收集客户数据的各种技术（如 Web 访问数据和应用程序分析、SCRM 等）需要集中管理，以方便分析。提醒一点，你要以合规的方式管理客户数据。

3. 数据管理平台。客户数据平台中的数据要延展，广纳合作渠道以丰富客户立体数据。

4. 营销自动化。企业大量营销工作可以通过自动化的方式来处理，以节约时间、预算。

5. 内容智能化。内容智能化使企业能够在人工智能的帮助下，通过分析文本、图像和视频等来提高其内容的有效性。

6. 转化率优化（CRO）。转化率优化是指优化执行业务所需的客户有效转化的过程。企业可以利用机器学习来提高 A/B 测试等 CRO 方法的效率。

7. 动态定价。动态定价使企业能够根据客户行为设置个性化价格。基于人工智能的动态定价使企业能够快速响应需求波动，并设定更精确的价格区间。

8. 增强现实。通过使用 AR/VR/MR 等技术，企业可以让客户在购买前试用产品，更逼真地模拟使用物理产品。

9. 聊天机器人。聊天机器人可用在数字营销及 7×24 客户服务沟通，无需人工干预即可与客户互动、提供答案，以及在购买过程中为他们提供指导，并收集有关他们体验的信息。

第 7 章

数字化战略实践工具与指南

用生物进化思维看懂数字化转型

解决的典型问题：管理层与员工对数字化转型的理解有偏差，无法深刻认知数字化转型的价值与趋势。

没有变化是不变的。我们身处在一个范式转移的大时代，变化是非线性的，呈现出大断裂、大跃迁。个体或组织碍于眼界和现有体系的绑定变得无比焦虑。运用生物学思维，从达尔文进化论的角度出发，有助于我们开启对数字化转型的深刻认知，并找到走向未来的路径。

达尔文于 1859 年出版的《物种起源》总结了古生物学、生物地理学、形态学、胚胎学、分类学等学科的大量材料，论证了地球上几乎一切生物都是从一个或少数几个原始类型进化而来的，揭示了各种生物之间的亲缘关系。他根据对动植物在家养状态和自然条件下普遍存在变异性的研究，提出作为在生存斗争中不具有有利变异的个体趋于灭绝，而具有有利变异的个体则被选择保存下来，通过一代又一代的自然条件的选择作用，适应的变异逐渐积累，形成新的物种。

物种起源常常会用"物竞天择，适者生存"来概括，数字化时代企业的生存也有类似的逻辑。

为什么要谈数字达尔文主义

数字技术的快速采用对传统商业模式提出了挑战。现阶段，企业采用过时的技术或商业模式尚能维持经营，但数字革命的加速推进正在宣告这样做的企业无异于等待失败。

在人类出现之前，自然选择和性选择是进化的全部内容；但是在人类开始驯化动物和植物之后，人工选择出现了，这也是达尔文的伟大发现之一。当人类想主动得到生物的某种特性的时候，就可以对生物进行有规律的改变，这样做的结果是，对于这些生物而言，人类代替了自然。例如，狗就是人类把狼驯化之后得到的新物种。一窝小狗之中，总是毛最厚实、身体最强健的那只被养大，其余的则被抛弃。一代代的筛选，自然可以产生最适合拉雪橇的品种。不同的狗有不同的特性，而这些特性完全是因为人类的需求和喜好被选择得来的。

达尔文所认为的自然选择和人工选择是相似的。只不过，人工选择有预先的目的和方向，而自然选择没有。自然选择提供的只是生存环境而已，有些生物拥有更能适应环境的能力和结构，那么这些生物就会生存下来。这些生物的形态、生理和行为特征会适应它们的生存环境。从局外人的角度来看，这就像是为了这种环境设计好的一样，但其实并不是这样。我们可以说，自然选择像一只无形的大手，塑造了生物的特征，创造了这些生物。

很多大企业往往会死在熟悉的赛道上、熟悉的竞争市场中、熟悉的竞争对手的手下，以及相同的套路范式中。数字化转型的能力已经成为未来新商业演化过程中至关重要的能力，如果没有创新变革，那么企业最终就会在环境的变化以及竞争对手的挤压下被取代或逐渐衰亡。

数字化转型：人工选择与自然选择

数字化转型其实就是当环境有极大的变化，如果企业家与领导层不主动改变，进行有目的的"人工选择"，持续精进，而是选择随着组织惯性与强势逻辑自然演化下去，那么企业最终很有可能会被淘汰。

要理解数字化转型，你可以将组织隐喻为生物物种。环境变化，竞争态势改变，游戏规则改变，能生存下去的物种的标准也会改变。

如果企业想要穿越周期，就必须改变自己以适应数字化的环境。

数字化转型在如火如荼地开展，企业亟须从大工业时代所形成的传统经营范式，转向以人工智能、区块链等新技术为代表的数字化时代的新范式，并做结构化的改变。企业如果想赢在数字化时代，唯一的抓手就是从当下开始构建未来竞争环境下商业组织所必备的核心竞争能力。只有具备未来所要求的核心能力，才能获得生存机会，在更为广阔的时间维度上获得持续的竞争优势。

腾讯公司CEO马化腾曾在世界智能网联汽车大会上发表演讲时提出，未来汽车产业需要传统车企和互联网公司一起，重塑未来新商业的核心能力，即网络连接能力、数据处理能力和安全能力。张瑞敏也曾在内部讲话时表示，不确定年代，企业的核心能力更重要的是动态化能力，也就是更新你的核心竞争力的能力。核心竞争力应随着时代的变化而改变，如果不能自我颠覆，就会被时代颠覆。

数字化转型要学会忘记！新物种的演化过程中，碍于既有的物种关系链条、价值链条、组织以及生活习性等诸多问题，常常会阻碍新物种的演化。如果是真正想主动地向新商业物种演化，并且成功地完成数字化转型，就需要学会忘记过去。

忘记不是一个动词。忘记更多的是一种刻意练习，需要形成肌肉记忆，形成组织自动自发的反应和流程。要想从既有的范式和习惯转到一种新的数字化状态，就需要在过程中有方法地忘记。

从物种进化论的角度来说，并不是最强壮的、最聪明的物种就能够存活下来，那些对于环境的变化能够以更快的速度获得适应性的物种才能存活。同样地，企业要以更快的速度获得适应性，前提就是形成对于周遭环境的洞察力，能够识别科技迭代、市场危险信号、用户需求的结构化变化以及竞争态势变化的信号。数字化时代的企业必须对新科技进行雷达式扫描，并且使之成为稳定的程序和机制；通过不断识别相关信号来不断地探寻环境的变化，思考这些信号究竟意味着什么。

数字达尔文主义会加速灭绝一切照旧的组织和商业模式。没有一家企业拥有坚不可摧的品牌、产品、用户基础。好消息是，那些适应性强，关注用户、员工、合作伙伴和供应商的组织可以获得更多机会。很多企业仅仅认为数字技术会带来变化，而我们真正要了解的是人为什么会变化，企业的客户、员工为什么会变化。

在数字化转型过程中，如果你感知到不足的第一反应是去购买技术硬件，那么你就是在把竞争推向低层。数字化转型更需要认知、框架和决心。许多企业声称正在开展数字化转型，但其中绝大多数企业只是在采购一系列软件及技术，或者通过数据挖掘、大数据、人工智能等来制造噱头。毫无疑问，随着企业在数字化转型方面的成熟，需要积极进行投资，但技术路线图只有与为客户和员工创造价值的商业模式紧密结合，并且足够灵活，才能使企业在快速变化的数字经济中获得竞争优势。

企业必须将注意力从内部转移到外部以探索多元可能性；必须打破内部孤岛，促进公开、透明的沟通并共同承担相关的责任；要积极投资适应数字化的员工的培养和培训。

数字化转型中最重要的词不是数字化，而是转型。启动数字技术只是起点，最终目标是要从构建系统、流程转向构建能力，建立一种以创新为常态、员工不断学习和成长的文化，培养充分利用最新技术和理论的习惯。

生物的进化并不是渐变的过程，往往是长时间平稳和短时间内剧烈变化交替发生的过程。企业的经营也是如此。

用领导变革理论管理数字化转型流程

解决的典型问题：想开展数字化转型，但缺乏有效的流程与管理工具，常常让数字化转型停留在口号阶段。

关于领导变革，首先要推荐哈佛商学院终身教授约翰·科特（John Kotter）的《领导变革》（*Leading Change*）一书。约翰·科特是企业领导与变革领域的专家，早年先后就读于麻省理工学院和哈佛大学，1972年开始执教于哈佛商学院。1980年，年仅33岁的科特成为哈佛商学院的终身教授，他和"竞争战略之父"迈克尔·波特（Michael Porter）同为哈佛历史上获得此项殊荣的最年轻得主。

约翰·科特一生都专注于变革管理研究，他借鉴了组织行为学和行为心理学的研究成果，从认知、说服到行动的角度，结合领导力研究，最终构建并形成了变革流程管理框架。他在库尔特·勒温（Kurt Lewin）的组织变革研究基础上进一步延展出领导变革的八个步骤：

- 创造变革的紧迫感；
- 组建变革领导团队；
- 创建变革愿景；
- 沟通变革愿景；
- 移除变革中的障碍；
- 创造短期成效；
- 巩固成果并进一步推进变革；
- 将变革融入企业文化。

数字化转型是一次变革，只不过变革的幅度有点大，是数据与新科技融合新消费的复杂转型变革。因此，领导变革的八个步骤也适合企业的数字化转型过程。这八个步骤可以有效地从框架上指导企业数字化转型，只要企业结合所处行业的相关特性与逻辑，抓住主要矛盾，就可以游刃有余地进行创新和创造。

步骤一：创造数字化转型的紧迫感

当企业内部逐渐产生对数字化转型的强烈诉求时，变革将更容易发生。所以，推动数字化转型的第一步就是在组织内部创造变革的紧迫感。创造紧迫感不只是简单地向员工呈现下滑的销售业绩或严峻的竞争态势，变革的领导者应该开诚布公地向员工分享对数字化转型的认知和新科技变量因素，探讨如果不转型可能会造成的后果。当大家理解了为什么要数字化转型，并开始更多地谈论数字化的解决方案时，变革的紧迫感自然会产生。

本阶段的关键任务是：

- 识别企业在数字化时代面临的潜在威胁，探讨困局与内卷环境之下的增长枷锁；
- 坦诚地沟通，调动员工的积极性，在企业内部充分讨论和思考；
- 从客户、上下游产业链相关负责人、咨询专家顾问处获取支持，增强说服力。

步骤二：组建数字化转型领导团队

成功的数字化转型离不开一支强有力的领导团队。

领导团队一般由一把手（企业高层与相关职能部门负责人）、各职能领域的资深专业人士、积极寻求数字化且具有影响力的管理者和员工，以及外部专家、顾问（管理顾问、新技术专家等）组成。

领导团队在构建初期需要密集地开展一些互动，以快速构建内部的运行机制，促进更有效的沟通与互动。在推动数字化转型的过程中，要形成一定的正常沟通流程和安排。例如，每周开一次例会，中间如有突发问题应及时沟通或者召集会议等。

本阶段的关键任务是：

- 在企业内外找到真正的"领导者"以及数字化相关人士；
- 组建领导团队，夯实凝聚力与战斗力；
- 动态调整领导团队，确保成员的多元化，力求专业能力覆盖数字化转型的方方面面。

步骤三：创建数字化转型的战略与愿景

在数字化转型的初期，领导团队对于如何传达变革的目标和意义可能存在各种不同的想法，所以就需要整合数字化转型思路，形成企业层面的数字化转型的战略与愿景。该战略与愿景必须清晰、简短、有力，能够帮助员工迅速理解以下几个问题：为什么要数字化转型？数字化转型要去往何处？如何抵达数字化转型目的地？数字化转型分为哪几个阶段？数字化转型获胜的策略选择是什么？

在这个阶段，需要我们站在未来看当下，需要有情景规划的战略能力。清晰回答以下几个问题：我们到底做的是什么生意？数字化时代产业竞争发展方向是什么？游戏规则是什么？在数字化时代需要为顾客创造什么价值？盘点现实与未来的落差在哪里？分析所得的个落差与缺口就是数字化转型需要填补与训练的方向。

本阶段的关键任务是：

- 确立数字化转型战略方向；

- 确定数字化转型的愿景描述；
- 确保数字化转型能够被清晰陈述。

步骤四：沟通数字化转型的战略与愿景

在形成了数字化转型战略与愿景之后，能否有效地传达是决定数字化转型成功与否的关键。可以通过有力的方式（如演讲比赛、读书会等），并借助各种合适的场合反复地向员工传达数字化转型的战略与愿景，使其深入人心。

沟通数字化转型的战略与愿景的目的是为转型变革过程塑造良好的氛围与群众基础，减少阻力与摩擦。更重要的是，领导者要身体力行，用数字化来指导自己的日常工作，解决发生的问题。

领导需要"践行数字化"（act digital），而不仅仅是通过"进行数字化"（do digital）来领导企业的数字化进程。企业希望员工以实际的行为转变来拥抱数字化转型，那么数字化转型的领导者应该先让大家看到自己的行动以及对数字化深信不疑的态度。

本阶段的关键任务是：

- 时常谈论数字化转型的战略与愿景；
- 直面员工的疑问，消除对数字化转型的顾虑；
- 运用数字化转型的战略与愿景来指导公司各方面的工作，从培训到绩效考核实现全面落地；

- 树立标杆意识,宣讲行业标杆案例,而且领导也要改变自身行为,树立榜样。

步骤五:移除数字化转型中的障碍

在完成以上四步后,企业的员工们已经对数字化转型有所认知,并且已经开始为数字化转型的战略和愿景而有所行动,期待着取得如战略与愿景中所描绘的成果。

与此同时,难免会出现一些抵制数字化转型的现象。呈现形式也许不是直接冲突,而是软磨硬泡地软抵制。这些都是正常现象,没有抵制的数字化转型往往是不正常的。

移除数字化转型障碍的目标是,铲除数字化转型过程中的障碍物,跑通流程,为转型过程保驾护航。

数字化转型中的障碍主要有以下几点:(1)现有跨部门流程和制度与数字化转型冲突;(2)部门领导不认同数字化转型;(3)薪酬绩效与人事制度不匹配;(4)员工不会干,数字化能力弱。

本阶段的关键任务是:

- 人事考核制度和新愿景相匹配,解决不想干的问题;
- 使部门流程能与数字化转型相匹配,解决干不了的问题;
- 提供员工所必需的数字化培训,解决不会干的问题;
- 识别抵制数字化转型的员工,区别对待(如调离岗位、批评教育等）；
- 对积极推动变革的员工予以进行表扬。

步骤六：创造短期成效

在数字化转型过程中不重视短期成效是有很大风险的。设法在数字化转型的早期就创造一些切实可见的成果，这可以使怀疑者与自我为中心的转型抵制者所持论调不攻自破，将中立者转化为支持者，将不情愿的支持者转化为积极的支持者。

数字化转型要从培养团队获胜的感觉做起，找到高频、刚需、痛点的业务场景，找到创新解决方案，累积数字化转型的势能。数字化转型通常需要数年的时间，转型过程中要设定一些切实可行的短期目标。每当达成一个短期目标时，立即向人们展现转型的成效，从而激励团队朝着下一个目标继续努力。

本阶段的关键任务是：

- 寻找一些容易达成的数字化转型场景与目标；
- 战略性加大投入以保证早期胜利；
- 大张旗鼓地表扬与奖励为数字化转型短期目标做出贡献的人。

步骤七：巩固成果并进一步推进数字化转型

人们对于数字化转型的非理智的抵制永远不会完全消失。你要记住，抵制的力量总是伺机反扑。许多变革项目的失败是因为过早地宣布了变革已经取得成功。

数字化转型要取得真正的成功，将涉及流程、制度等更深层次的变化，需要将数字化融入企业文化之中。因此，取得数字化转型的早期胜利，仅仅只是有了一个好的开端。

本阶段的关键任务是：

- 在每取得一次短期胜利后，分析成功因素，探寻仍然需要改善的方面；
- 坚守数字化转型的战略与愿景，保持对转型的定力不放松；
- 走出去交流，将数字化转型标杆案例的经验与新发展导入企业。

步骤八：将数字化转型融入企业文化

进一步巩固数字化转型还需要做出持续的努力，将变革融入企业文化之中，使得企业日常运营的方方面面都能与数字化转型的战略与愿景保持协调一致。

本阶段的关键任务是：

- 以成果为依托，复盘实践经验与智慧，使之沉淀于企业文化之中；
- 在关键场景中体现数字化转型的战略与愿景；
- 在招聘和培训新员工时，将变革的理念体现在其中。

用精益、敏捷与设计思维应对数字化转型的不确定性

解决的典型问题：数字化转型是个探索的过程，每个行业、每家企业都有自身的独特性与风险。应用精益、敏捷与设计思维可以有效降低数字化转型过程中的不确定性，找到问题与需求关键点，做正确的事，然后正确地做事。

精益、敏捷与设计思维的应用场景主要是数字化转型中新产品、新业务、新流程、新营销、新商业模式的探索与转型。

数字化转型中的"精益"

精益思维（lean thinking）源于 20 世纪 80 年代日本丰田汽车公司提出的精益生产方式。以丰田公司的大野耐一等人为代表的精益生产的创始者们在不断探索的过程中找到了一套创新的汽车生产方式：及时制生产、全面质量管理、并行工程、充分协作的团队工作方式和集成的供应链关系管理，逐步创立了独特的多品种、小批量、高质量和低消耗的精益生产方法。

后来，精益思维进一步被扩大到制造业以外的所有领域，精益生产方法外延到企业活动的各个方面，不再局限于生产领域，从而促使管理人员重新思考企业流程，消灭浪费，创造价值。

精益创业（lean startup）由硅谷创业家埃里克·莱斯（Eric Rise）在其《精益创业》（The Lean Startup）一书中首次提出。精益创业方

法不仅仅适用于创业公司，也适用于希望满足数字产品需求更大、更成熟的企业。与敏捷和设计思维一样，精益创业强调用户导向，但它可用来探索在复杂和不确定的环境下什么是正确的。在这个过程中有以下三个原则。

1. 企业家精神无处不在。这并不是说精益创业只适用于企业家，而是说数字化转型领导团队应采取一种企业家的态度，寻求以一种新的、独特的方式解决数字化转型中的挑战。

2. 验证学习。每个想法、每个功能都被视为实验，并与潜在用户进行测试，然后他们的反馈被纳入开发过程。

3. Build-Measure-Learn 循环。精益创业基于以下基本循环，即构建原型或最小可行产品（minimum viable product，MVP），与潜在用户一起测试并收集反馈数据，然后将结论和学习应用到下一个版本。

腾讯的《王者荣耀》注册用户超过 2 亿，月流水超过 30 亿元，是 2017 年迄今为止最成功的手游之一。《王者荣耀》的开发团队一开始时并没有把游戏的完成度做到极致，而是非常关注产品的精益思维应用。游戏的基础版本经常是一边快速开发上线供玩家测试，一边进行已有测试结论的系统的实际制作，并行迭代，不断提升制作管线的效率。这样做，尽管在早期会有玩家抱怨游戏品质有待打磨提升，但是，由于游戏制作效率很高，当游戏需要进行调整时，开发速度非常快。《王者荣耀》的开发负责人李旻说："竞品看到我们的修改结果,也能够通过数据的变化,分析后捕捉到哪个方向可能更适合用户需求,但没有办法像我们一样这么敏捷地去做改变。"

精益思维能帮助企业转变治理模式,探索新的协作工作方式。要想匹配数字化时代的运营,企业就需要采用新的工作方式。跨职能部门必须通畅合作,集思广益,协同原型设计,随时开展 A/B 测试,并纳入用户反馈。企业也需要一种新的治理形式,使团队得到更多的自主权。在兼顾企业宏观战略的前提下,需调动本地化团队、小团队的自由力量,确保保持最佳速度并为战略目标做出贡献。新型管理方式将把伙伴关系、客户、员工等融合起来,以启动数字化转型。

2012 年,淘宝的销售额达到了 10 000 亿元的规模。但是,阿里巴巴把淘宝拆成了三家独立的子公司,即淘宝、天猫和一淘,并找了三个最厉害的领导去带这三个团队。他们就照自己对未来的理解去拼命地往前闯,相互竞争也没关系,目标就是把对方淘汰。

这样做背后的内幕是,在 2009 年到 2011 年期间,决策层对于未来的产业终局形成不了统一的判断。当时有三个选项:B2C,淘宝型的 C2C,搜索引擎指向无数个小规模 B2C。

由于没有办法对未来形成共识,内部资源的分配就很困难,组织内部天天在打架。最后,管理层下定决心:大家别争了,就到市场上去试,看未来的趋势到底怎么样。"游泳"的过程中得到的真实感受才代表未来。

如此干了一年很快就清楚了，所谓的购物搜索这条路根本不存在。因为那个时候，淘宝、天猫的基础设施已经非常强大了，大部分人发现独立 B2C 的成本太高。在淘宝、天猫这个平台上做生意，其实是把绝大部分的成本都分摊掉了，所以它才能够快速、低成本地运营。由于没有独立 B2C 的存在，搜索的流量入口也就失去了价值。一年以后，一淘就变成了一个部门，又重新纳入了阿里巴巴。

在精益层面，你可以通过 MVP 与产品 – 市场匹配（product-market-fit，PMF）迅速抓住其关键，应用到数字化转型的产品、流程、商业模式等中。

最小可行产品（MVP）

在埃里克·莱斯描述了 MVP 后，MVP 概念开始流行起来。在数字化转型过程中，应将 MVP 作为实验策略的核心部分。假设客户有需求，开发可以满足这种需求的产品及服务，然后向这些客户交付，以了解客户是否真的会使用该产品来满足这些需求，再根据从实验中获得的信息，决定团队继续、更改或取消产品的工作。

MVP 概念背后的一个关键前提是，你可以生产提供给客户的实际产品（可能只是一个登录页面，或具有自动化外观的服务，但在幕后可以是完全手动的）并观察他们对产品或服务的实际行为。看到人们对产品实际做了什么比询问他们会做什么要可靠得多。

MVP 的好处主要是可以帮你了解客户对产品的兴趣，而无需完全开发产品。你越早发现你的产品是否会吸引客户，为在市场上取得成功的产品上花费的精力和费用就越少。

正确使用 MVP 意味着企业可能会根据从客户那里收到的反馈，大幅更改交付给客户的产品或放弃该产品。

产品 – 市场匹配

产品 – 市场匹配（PMF）是数字产品创建周期的关键阶段，它关注的是产品销售的未来利润和实际的投资回报率。要将产品转移到 PMF 阶段，你需要了解你的目标群体以及每种用户类型的切实痛点。

在 PMF 阶段，专业团队会调查市场以估计潜在客户的数量、潜在市场总量、竞争对手、买家偏好、潜在收入等。因此还需要真正了解产品和商业模式，以及如何销售你的产品以获得最大商业利益。

MVP 试图回答的问题是：市场上是否需要这种产品？PMF 则要更深入地研究商业模式、沟通渠道、营销和销售策略，它验证的不是产品本身，而是整个商业模式。PMF 旨在增加产品在未来获得成功和盈利的机会。

产品 – 市场匹配意味着处于一个良好的市场中，其产品能够满足该市场的需求。许多初创公司创始人将 PMF 解释为创建 MVP 并将其推向市场，这是有失偏颇的。PMF 和 MVP 之间存在巨大差异，可以说 MVP 只是实现 PMF 的第一步。

如何衡量产品与市场的契合度

那么新的问题来了：到底产品 – 市场匹配度低于多少就会很难成功？

这就要提到匹配度的 40% 法则，这是美国天使投资人肖恩·埃利斯（Sean Ellis）研究了大量初创公司之后得出的结论：如果超过 40% 的用户表示，如果没有你的产品，他们会"非常失望"，那么很有可能你的用户可以获得增长。那些高于 40% 的产品通常能够持续发展下去，而那些低于 40% 的产品似乎总是很挣扎。

你只需问你的客户"如果你不能再使用该产品，你会有什么感觉"，并为他们提供三个答案，即"非常失望""有点失望""不失望"，然后你可以计算回答"非常失望"的用户百分比。如果有超过 40% 的用户选择了选项"非常失望"，那么恭喜你，你的产品拿到了入场券，将有极大可能获得成功。

数字化转型中的"敏捷"

"敏捷"的概念在 21 世纪初首次被提出，它是对管理软件项目的线性、传统"瀑布"方法的相反回应。瀑布法是根据计划制定详细的项目路线图并坚持下去；而敏捷则可以有预见性地、更加迅速地响应，强调灵活性、客户输入并将开发过程分解为小规模的迭代。

"敏捷"从未如此流行，不仅仅是在数字化转型领域，任何想要生存的企业都需要敏捷。人力资源、营销、管理以及任何需要自我改造以更快响应市场需求的职能部门都在朝着敏捷的方向发展。

以敏捷价值观/原则为重点的敏捷方法的实施将提供预期的结果，并可以为客户和其他利益相关者带来更大的满意度。敏捷的好处包括：

- 增加测试和开发团队之间的沟通；
- 降低风险和控制成本；
- 更短的上市时间和更大的产品交付灵活性；
- 能够在不中断开发过程的情况下进行调整；
- 努力做到完全透明。

记住：敏捷是一种手段，而不是目的。

每当你对应用特定工具或特定数字化转型实践的"完美程度"有疑问，或者想知道你的转型真正"有多敏捷"时，要把目标放在首位。如果你的组织以正确的速度并朝着正确的方向前进，还拥有更多快乐的客户和员工以及更健康的业务，那么你就是走在了正确的道路上。

敏捷如何帮助企业推动数字化转型

数字化转型对企业的运作方式构成了根本性的改变，企业可以通过利用数字技术的力量来创造新形式的客户价值和业务。以下两个原因告诉我们为什么敏捷为数字化转型提供了一个出色的框架：

- 敏捷提供了一个框架，可以根据客户反馈进行快速迭代；
- 敏捷推动了组织更广泛的转型。

敏捷数字化转型是在不断验证的基础上逐步展开，在一段时间内并在资源允许的情况下以可衡量的步骤来推动的数字化转型。

链接阅读 | **中台与敏捷性数字化转型**

这个年头，你要不张口闭口谈中台和后台，都不好意思跟人打招呼。前台和中台的概念并不稀奇，比如，你点菜前，接待你的服务员就叫前台。什么是后台呢？就是炒菜的厨师和烹饪的后厨。在数字化产品层面，前台就是给用户看的可视化界面，如网页、手机 App，也包括商品查询系统、订单系统等；后台是采购、人力、财务和 OA 等系统。

在传统的前台–后台架构中，各个项目相对独立，许多项目都在进行重复发明，这让项目本身越来越臃肿，也让开发效率越来越低。在业务上，共通的东西包括支付系统、用户注册等系统等；在技术上，共通的东西包括游戏引擎、内部开发工具等。而这些共通的部分，都可以由一个强大的"中台"来提供。

前台如同一线作战部队，它会根据前线战场的实时作战需求，快速完成不同职能业务中台能力的组合和调度，形成强大的组合打击能力。

业务中台犹如火箭军和空军等专业军种，主要发挥单一军种的战术专业能力。数据中台是信息情报中心和联合作战总指挥部，是企业的大脑，它能够汇集各类一线作战板块的数据和信息，完成数据分析、制定战略和战术计划、完成不同业务中台能力的智能调度和组合，为前台作战部队提供快速数据和情报服务。

后台就是后勤部队，它们不直接面向前台业务，主要为企业提供后端支撑和管理。

综上，前台、中台与后台主要是帮助企业在应对不确定时提高响应的效率和速度，同时达到节约成本、优化组织运营的目的。

尽管敏捷转型有望带来广泛的增长，但它确实带来了各种挑战，如需要解决心理安全、规模和成熟度等问题。在领导技能方面取得进步，对于支持和鼓励组织中多层次的灵活工作方式至关重要。

数字化转型中的"设计思维"

"设计思维"这个词语被许多人误认为只是设计行业的专业术语，只有产品设计师或生产工程师才能用到。实际上，设计思维是硅谷近年来流行的一套源自设计方法论，却又自成一体的创新思维模式。设计思维是指充分借鉴人类学田野观察法，结合创新与分析能力有效解决问题的方法论。

第二部分 | 数字化战略的实施与推动

IDEO公司的总裁蒂姆·布朗（Tim Brown）提出，设计思维是以人为本，利用设计师的敏感性以及设计方法，在满足技术可实现性和商业可行性的前提下，来满足人的需求的设计精神与方法。设计思维围绕用户需求（desirability）、技术可行性（feasibility）与商业可行性（viability）三个维度开展。

设计思维过程为同理心（了解所涉及的人类需求）–定义（以人为中心的方式重新构建和定义问题）–构思（在构思环节中提出许多产品想法）–原型（在原型中采用实践方法）–测试（针对问题提出原型/解决方案）。

设计思维用于产品构思阶段，通过同理心观察用户，构思和定义问题，通过粗糙的原型来验证。精益思维用于做产品阶段，通过"MVP""客户反馈""快速迭代"创造出爆品。两者背后共同的逻辑是以用户为中心，通过实验的思路做产品以规避风险。

在数字化的加持下，设计思维的反馈周期与有效性都得到了有效提升。例如，利用网络爬虫技术，可以迅速聚类分析出客户需求与痛点；在原型测试阶段，测试覆盖的人群与精准性可以有效拓展和提升。三一重工团队利用设计思维找到了挖掘机与吊机驾驶员听音乐与手机充电等需求，于是在新产品中积极解决痛点，获得市场认同。该团队还利用传感器等数字技术，有效采集机械开机时长、地点等相关数据，积极构思从卖产品到卖服务、从卖产品到维修商机服务的数字化机会。

用种子用户方法论推动数字化转型

解决的典型问题：明明设计了一个创新转型方案，但是相关利益方就是不买账，落不了地。

数字化转型肯定会遇到阻力，而且大部分利益相关者初期都会对其表现出排斥，即使他们认为转型是必要的。伴随数字化转型的未知、先行先试，心智模式、行为等发生了变化，想要落地、被采纳和创造出价值，你离不开种子用户方法论。

种子用户体系需要从人格、需求、风险、收益、信息五个角度，同时借鉴人格心理学、社会学、传播学、决策心理学等智慧来解释。

种子用户方法论本质就是一系列有效地管理风险、驾驭风险、处理风险的操作过程。数字化转型推动者在初期需要筛选出那些积极拥抱新鲜事物、对数字化转型的感知收益更为认可，也愿意积极参与的用户，即种子用户。

种子用户是创新、数字化转型的优秀土壤。当主流用户对数字化转型还停留在认知甚至阻碍时，他们却给予数字化转型呵护和协同。这种力量难能可贵，犹如一束光，指引着数字化转型推动者走下去，并最终走出黑暗。

种子用户方法论可以应用于数字化转型全场景，尤其是推动改革、创新、新产品、新流程、新制度、新文化、新激励、新架构等场景。

第二部分 | 数字化战略的实施与推动

如果你想有效推动数字化转型过程，你可以在以下过程中应用种子用户的思维与方法论。

- 将物联网传感器、数字孪生、区块链等新技术直接集成到产品中；
- 使用大数据分析，提高效率并优化业务流程；
- 使员工能够数字化远程工作，从而改善员工体验；
- 从实体店线下销售转变为电子商务、直播带货、短视频营销；
- 改变传统营销销售，转而采用数字营销和社群营销融合的新销售模式；
- 创造数字化新商业模式，需要上下游产业链支撑、配合；
- 构建知识库，让显性（隐性）知识与经验数字化流动起来。

在这些数字化转型项目中，常常看到企业家、创始人有决心强行推动，但是当组织内部员工、上下游产业链合作伙伴和客户面临你提出的新的诉求和变化时，他们的习惯性模式都是等等再看。所以，为了在有效时间窗口让数字化转型启动，你需要放弃面向所有人且一次性完成的思路，先筛选出种子用户，凝聚种子用户，树立标杆，然后逐步推进。

链接阅读

平安集团积极推动数字化转型，其中最为关键的挑战是如何有效地将市场销售能力数字化。集团有超过 10 万名的金融客户经理，传统业务能力都在线下，数字化能力相对较弱。高层希望通过数字化转型赋能客户经理，让团队利用数字化技术高效开拓新客户、维护老客户。

广大的客户经理们忙于日常指标，没有时间抬头望天、站在历史高度理解数字化，常常觉得数字化多此一举，认为自己天天登门拜访客户也挺好，于是就不配合。开发了许多数字化工具，但没有起到应有效果。人力资源部开展数字化的培训工作，但客户经理更多停留在认知层面，依旧采用老方法，并没有数字化。

如果不采用种子用户方法论，不只浪费钱，更重要的耽搁了变革的窗口期。强行推动数字化转型的许多动作，没有激发利益相关者的参与性与创造性，那是非常困难的。在转型初期种子用户是你必需的选择。

因此，平安集团应用种子用户方法论推动了转型体系。先从整个组织内部筛选一部分种子型的员工，优先向这批人传递数字化新思想，让他们拥抱变化，培训好、赋能好他们，让他们回去后影响自己身边的同事，最后促使整个企业有效完成数字化转型。

种子用户画像

种子用户画像需要满足以下四个条件。

1. 具备一定的经济、行业基础。数字化转型过程中，如果你想推动变革，首先就要确定对方具备一定的行业基础。

例如，数字化转型中你想推动数字化供应链、工业 4.0、智能制造的转型，在选择合作伙伴的时候，你应该是先找到已经在尝试，或者具备一定基础的相关人群，因为这样可以降低沟通成本和交易成本。

2. 具有明确或潜在的需求。你想要推动别人积极参与推动数字化转型，前提是对方有明确的需求，内心接受你倡导的使命、数字化核心价值，或是有潜在需求。

如果满足不了这两点，对方肯定就不是种子用户。

3. 拥抱变化、积极尝试新鲜事物。积极拥抱变化、愿意尝试新鲜事物、具备冒险精神是种子用户画像最关键特征。

在数字化转型项目中，你要判断什么样的人是勇于创新、积极拥抱新事物的。

4. 具有较强的传播力。满足以上三个画像条件，如果用户还是 KOL，具有很强的传播力，那就是你应该优先团结的数字化转型力量。

我认为，一个数字化转型做局者，或者说有心改变世界的人，要按照事物和风险的客观规律，在不同的阶段可以有效地从人群中筛选出与你的新产品较为匹配的人，让其和我们一起有效地管理风险、驾驭风险和处理风险。种子用户方法论可以辅助企业度过从0到1的战略落地阶段。

找对数字化种子用户

"风险"这个词，有其客观性，也有其主观性，更多的是指"主观感知风险"。

不同的人格对创新和数字化转型的感知风险是不一样的。从一个数字化转型推动者或做局者的角度来说，你需要在人海之中找出那些感知风险偏弱、愿意尝试新鲜事物、强烈认同你的数字化创新使命和愿景的人。

2003年，线下商店生意特别好。这时如何来推广淘宝平台，短平快地让线下卖家在线上开店？其中的难点在于，店家需要先装网线、买电脑、学会使用旺旺和网上引流等。如果没有种子用户方法论，想发展100万商家，那无异于把一块石头搬到珠穆朗玛峰。

在义乌小商品市场，淘宝的工作人员并没有挨家挨户推销，而是按照种子用户画像，找出当地第一波使用POS机的店家、第一波采用赊账经营理念的店家、第一波选择电话购物的店家等，向他们介绍淘宝的新理念、新花样，这样就推动了零售业的数字化转型。

150年前，假如你想带领一批成员开船去北极，该怎样招人，并且保证他们相信你不会半路而退？你要知道，当时造船技术很差，路上极其凶险，假设你给的工资也不高，在这样的情况如何开启不确定的旅程？

类似场景在数字化转型中屡屡发生。

如果用传统方式去开启这个新项目，比如说钱多、事少、风景好、很快返航，那这个项目招募来的人都不会是种子员工，航行必将失败。

数字化转型的项目都具有一定的不确定性，为此利用好种子用户方法论招募到项目成员、合作伙伴与客户都是必要的。你要的是热爱、激情与创造力，如果不是种子用户，那这些人在遇到各式各样挑战时都容易放弃。

无论你想推动何种变化，不管是数字化转型、新思想、新产品还是新项目，都需要思考以下问题：如何才能有效地运用种子用户方法论来解决数字化转型推不动的问题？

实践中的三个提醒

1. 种子用户方法论，内核是不同人格对待创新与转型风险的态度不同。

2. 种子用户与主流用户所关注的数字化转型角度和内容是不同

的。种子用户喜欢听到新奇的、更关注未来及改变世界的诉求，你需要做的就是对种子用户进行概念营销和意义价值的渲染。对于骑墙的观望分子，要讲好安全性、确定性、投资回报率等。

3. 种子用户问题处理不好，将会影响团队氛围。多次蛮力推动转型，每次都大张旗鼓，但是每次都不了了之，大家会怀疑数字化转型领导团队的领导力不行、产品不行、战略不对、商业模式有问题等。其实很多时候是因为没有采用种子用户方法论解决好从0到1的过程，导致团队信心挫败，给团队带来怀疑的氛围。

不管转型资金是否充裕、领导转型的决心大不大，只要你想推动数字化转型落地，种子用户方法论就是个不错的工具，可陪你度过早期孤独且缺乏理解的阶段。

创新的扩散有助于数字化转型的巩固

解决的典型问题：方案试点成功、全面落地了，新的IT系统和功能也上线了，但是过段时间后发现业务运作又变回老样子，变革"回潮"了。

伦敦政治经济学院国际发展系副教授埃利奥特·格林（Elliott Green）对从谷歌学术搜索中收集的引用数据进行了分析，并总结出了社会科学研究中被引用最多的25本书籍，其中《创新的扩散》（Diffusion of Innovations）排名第二。"创新的扩散"的概念被业界与学界广泛应用，数字化转型过程中也离不开这个概念。

一个新观念纵然具备明显优势，但要普通大众采用它绝非易事。许多创新都是经过数年时间才被大众广泛认可的。数字化转型就面临着如何加速数字化的扩散速度，并稳定成为制度、实现常态化这样很现实的问题。

某项数字化转型即使具备相对优势且好处已经被充分证实了，也需要创新的扩散来使其稳定下来。

数字化转型的扩散指的是数字化转型在特定的时间段内，通过特定的渠道，在特定的团体成员里扩散被采纳的过程。数字化转型会带来不同程度的不确定性和风险，个体可以通过信息收集来降低对数字化转型的不确定性。

创新的扩散从创新、沟通渠道、时间、社会体系等角度让创新得以扩散和被采纳，成为新常态的方法。在一定程度上，数字化转型核心点是推动新的变化发生，内核与创新虽不等同但很接近，因此下文叙述中用到创新之处即约等于数字化转型，以便理解。

社会成员对数字化转型的认知直接影响数字化转型被采用的程度。创新的扩散理论给出有效创新的五个属性：相对优势、相容性、复杂性、可试用性、可观察性。在推动数字化转型扩散和巩固时也可以从以下五个角度做出努力。

1. 相对优势。相对优势一般由经济价值来衡量，但是也和社会声望、方便性、满意度等因素相关。相对优势和创新的"客观"优势关系不大，而与采用者认为它有多大优势有关。人们认为它的优势越大，扩散就越快。

2. 相容性。指一项创新和潜在用户（组织内外部）的价值观、过往经验、需求的一致性程度。兼容性好的创新的扩散速度要快得多。

3. 复杂性。指一项创新被使用或理解的难度。如果创新本身非常复杂，那被采纳的过程会很缓慢。

4. 可试用性。指一项创新在某些程度上可以被试用的可能性。可以被试验的新理念比那些看不见的理念更容易被采用，提供可试的创新可以让潜在用户减少其不确定性。

5. 可观察性。指一项创新是否具备可观察性。越容易看到效果的创新，越容易被人们采用。可观察性会促使人们讨论该项创新，因为朋友之间、邻里之间经常需要交换类似创新评估的信息。

数字化转型与社会学习

在创新的扩散中要特别强调社会学习的应用。绝大部分心理学研究方法在了解人类学习行为如何发生时会把焦点放在个人的内在层面上。但是创新扩散的社会学习理论的研究方法，是用个人与他人的特殊信息交换模式来解释人类行为的改变。个人是通过观察模仿来向他人学习的，也就是说，个人会观察其他人的行为，然后做出类似的行动。

创新的扩散的基本观点是个人通过观察他人的行为并从中学习，因此个人不一定需要言谈接触，其行为就可以受到他人的影响。在人际沟通网络中，数字化转型的相关信息传播将有助于加速创新的扩散过程。

个人或企业对数字化转型做出决策并不是一个瞬间的行为；相反，是在一段时间内发生的一系列的行为和动作。决策可以分为五个主要阶段，如图 7–1 所示。

- 认知阶段：个人（企业）知道了数字化转型，并了解其功能。
- 说服阶段：个人（企业）形成喜欢或不喜欢的态度。
- 决策阶段：个人（企业）做出接受或拒绝数字化的选择。
- 实施阶段：个人（企业）将数字化转型推动落地。
- 确认阶段：个人（企业）对此前数字化转型结果进一步确认，如果出现与预期冲突，可能会考虑是否继续数字化。

过去状况
1. 数字化转型之前的情形
2. 感到有需求或是有问题
3. 创新性
4. 社会体系规范

决策单位：个人（组织）特征
1. 社会经济特性
2. 人格特质
3. 沟通行为

数字化转型的认知属性
1. 相对优势
2. 相容性
3. 复杂性
4. 可试验性
5. 可观察性

认知阶段 → 说服阶段 → 决策阶段 → 执行阶段 → 确认阶段

决策阶段：
1. 接受
2. 拒绝

推动数字化 / 稍后再看 / 终止数字化

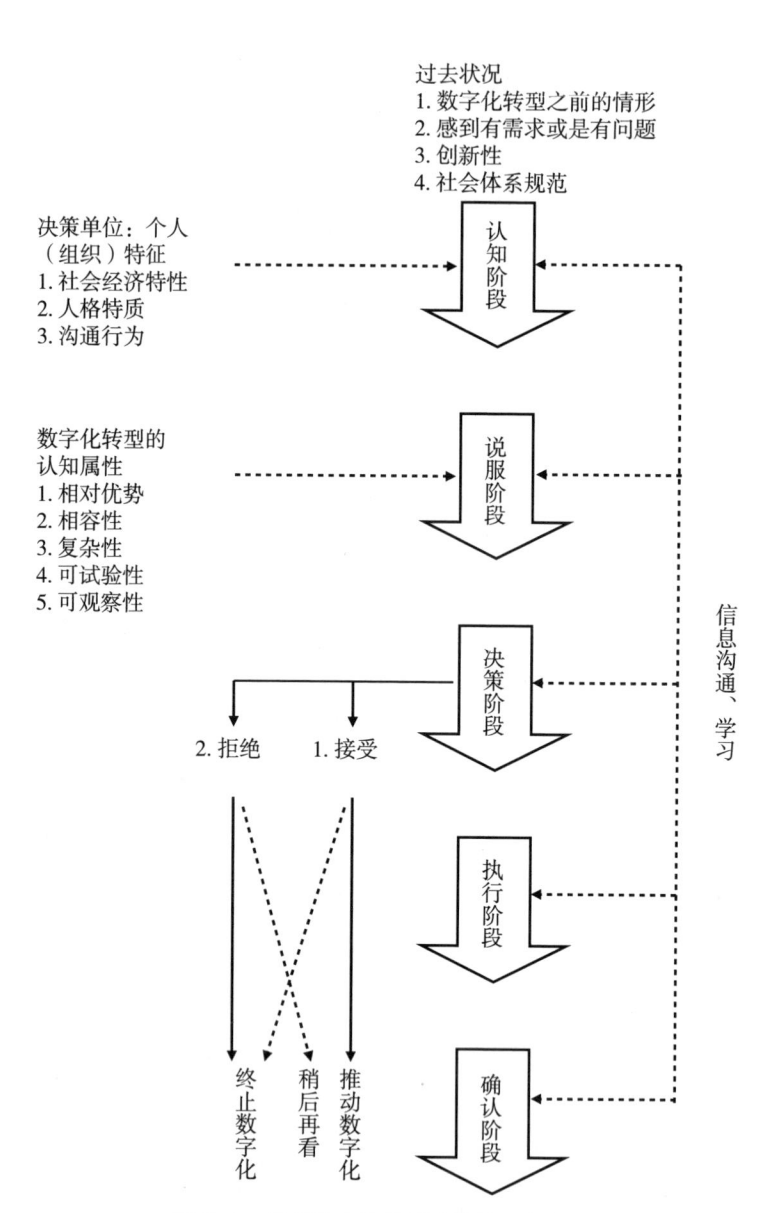

信息沟通、学习

图 7-1　做出数字化转型决策的五个阶段

数字化转型与临界点引爆

要了解数字化转型扩散的社会性,你就要了解临界点这个概念。如果数字化转型能够达到这个点,那之后转型就会自行扩散出去。

临界点是一个源自物理学的概念,是指要维持核连锁反应必须存在的放射性物质的最低量。如果原子反应堆达到临界点,就会自发出现核连锁反应。

这个概念在传染病学、流行事物、物种的生存和灭绝、语言系统、恐慌行为等方面都有应用。

临界点也可以解释大多数的人类行为,因为个人行为的抉择常常受到其他已接受这个行为的人数的影响。当一个体系中的接受者达到一定数量,大多数成员都认为"大家都已经接受了"时,接受率便会迅速攀升,而这就是临界点出现的时间点。

要想将数字化转型稳定下来,并形成惯性势能,你就必须推动过程抵达临界点,否则将前功尽弃。

数字化转型成为常态化

数字化转型融入企业日常活动,而失去其独特性的过程就是常态化过程,也有部分学者称其为制度化。至此,整个数字化转型过程宣告结束。不过,常态化过程并不像其表面上看起来那样简单和直接。

企业是否能将数字化转型落地，其中一个重要因素是成员的参与度，这指的是到底有多少成员参与、介入了数字化接受过程。如果有很多成员参与设计、讨论和执行，那么数字化转型常态化的可能性就很高；如果数字化转型的决策仅由企业内一个或少数权威人士做出，当这些决策者离开企业或者松懈了，数字化转型就很难持续下去了。

创新被再发明（改进或创造）跟创新的常态化有正向的关联。当组织成员把创新再发明时，便意味着他们已经开始把它视为自身的一部分。因此，即使当初推动创新的特别资源消失，长时间继续使用创新的可能性还是很大。在数字化转型过程中，各个部门如果能够在延展基础上再创新与改进，那么我们可以认为企业的数字化转型是扎实的。

从我的经验来看，组织中的数字化转型是脆弱的，常常会被各种原因终止进程。即使数字化转型过程进展顺利，但在常态化阶段，还是会出现各种预料不到的问题。记住，数字化转型没有终局，它是个过程。

参考文献

[1] 达尔文. 物种起源[M]. 周建人,译. 北京:商务印书馆,1995

[2] 索尔·汉森. 种子的胜利[M]. 杨婷婷,译. 北京:中信出版集团,2017

[3] 恩斯特·迈尔. 生物学思想发展史[M]. 涂长晟,译. 成都:四川教育出版社,2010

[4] 尼克·莱恩. 生命的跃迁[M]. 张博然,译. 北京:科学出版社,2016

[5] 埃尔温·薛定谔. 生命是什么[M]. 张卜天,译. 北京:商务印书馆,2014

[6] 瓦茨拉夫·斯米尔. 能量与文明[M]. 吴玲玲,译. 北京:九州出版社,2021

[7] 约翰·P. 科特. 领导变革[M]. 徐中,译. 北京:机械工业出版社,2014

[8] 野中郁次郎,竹内弘高. 创造知识的企业[M]. 吴庆海,译. 北京:人民邮电出版社,2019

[9] 弗雷德·R. 戴维，福里斯特·R. 戴维. 战略管理 [M]. 李晓阳，译. 北京：清华大学出版社，2018

[10] 加里·哈默，C. K. 普拉哈拉德. 竞争大未来 [M]. 李明，罗伟，译. 北京：机械工业出版社，2020

[11] 凯斯·万·德·黑伊登. 情景规划 [M]. 邱昭良，译. 北京：中国人民大学，2007

[12] 丹尼尔·A. 雷恩. 管理思想史 [M]. 孙健敏，黄小勇，李原，译. 北京：中国人民大学出版社，2012

[13] E. M. 罗杰斯. 创新的扩散 [M]. 唐兴通，郑常青，张延臣，译. 北京：电子工业出版社，2016

[14] NTT DATA 集团. 图解物联网 [M]. 丁灵，译. 北京：人民邮电出版社，2017

[15] 大前研一. IOT 变现 [M]. 朱悦玮，译. 北京：北京时代华文书局，2020

[16] 迈克尔·波特. 物联网时代企业竞争战略 [J]. 哈佛商业评论，2018

[17] 唐兴通. 种子用户方法论 [M]. 北京：机械工业出版社，2019.

[18] 唐兴通. 穿越周期：数字化转型与动态能力 [M]. 北京：华龄出版社，2023.

附录

数字化战略与实践推荐书单

这个时代不缺少信息,缺少的是知识脉络。我从阅读过的关于数字化转型与变革管理的图书中精选出以下32本书,初步建立起关于数字化的知识脉络,各位可按需索取。

关于数字化转型战略、方向、认知和模式的作品

作品名称	作/译者	出版社	出版年份	推荐理由
《物种起源》	[英]查尔斯·达尔文/著,周建人/译	商务印书馆	1995	遇到问题,从自然界寻找启示是个不错的选择。这本书可以帮助你站在演化的角度看待组织的数字化转型过程和挑战
《基业长青:企业永续经营的准则》	[美]吉姆·柯林斯,杰里·波勒斯/著,真如/译	中信出版集团	2019	企业能够基业长青,除了数字化,还需要具备穿越周期的逻辑。书中的部分观点、结论和模型依然值得借鉴

续前表

作品名称	作/译者	出版社	出版年份	推荐理由
《营销想象力》	[美]西奥多·莱维特/著,辛宏/译	机械工业出版社	2007	作者在书中《营销短视症》一文中清晰地介绍了他对定义自己所处行业的看法。该篇文章被《哈佛商业评论》所引用
《创新与企业家精神》	[美]彼得·德鲁克/著,蔡文燕/译	机械工业出版社	2009	我们可以从德鲁克讲的创新机遇与应对角度开启数字化战略创新之旅
《情景规划》	[英]凯斯·万德·黑伊登/著,邱昭良/译	中国人民大学出版社	2007	有助于我们了解数字化战略的未来方向和可能性。关于这个话题书籍很少
《合作竞争》	[美]拜瑞·J.内勒巴夫、亚当·M.布兰登勃格/著,王煜全、王煜昆/译	安徽人民出版社	2000	在合作中谋求发展,在竞争中谋求超越。这本书有助于我们打开竞争与合作的新边界,建立新思维模式
《好战略,坏战略》	[美]理查德·鲁梅尔特/著,蒋宗强/译	中信出版集团	2017	有助于企业确定清晰的数字化战略方向,反思数字化战略是好战略还是坏战略
《创新：进攻者的优势》	[美]理查德·福斯特/著,孙玉杰/译	北京联合出版公司	2017	有助于回答如何应用S曲线从进攻者角度开启数字化与创新之旅这一问题

附录 数字化战略与实践推荐书单

续前表

作品名称	作/译者	出版社	出版年份	推荐理由
《开放式创新》	［美］亨利·切萨布鲁夫/著，唐兴通、王崇锋/译	广东经济出版社有限公司	2022	你无法雇用全世界最聪明的人为你工作。知识垄断时代已经结束，选择开放式创新是你明智的选择
《创造知识的企业：领先企业持续创新的动力》	［日］野中郁次郎、竹内弘高/著，吴庆海/译	人民邮电出版社	2019	数字时代，企业日常经营的必备元素是知识+数据。野中郁次郎的SECI模型和思考值得你深入研究
《竞争大未来》	［美］加里·哈默、C.K.普拉哈拉德/著，李明、罗伟/译	机械工业出版社	2020	作者在书中提出"核心竞争力"的概念和模型以及关于竞争战略的思考值得你深入研究

关于数字化转型对组织、产品、市场、领导力等产生的影响的作品

作品名称	作/译者	出版社	出版年份	推荐理由
《引爆变革》	［美］约翰·科特、［韩］W.钱·金、［美］尼廷·诺里亚等/著，陈志敏等/译	中信出版社	2016	《哈佛商业评论》关于转型变革的最佳文章的合集，多位知名教授围绕一个话题展开讨论

续前表

作品名称	作/译者	出版社	出版年份	推荐理由
《领导变革》	[美]约翰·P.科特/著,徐中/译	机械工业出版社	2021	领导变革的八个步骤是数字化转型流程管理值得借鉴的模板
《灰度决策:如何处理复杂、棘手、高风险的难题》	[美]小约瑟夫·巴达拉克/著,唐伟、张鑫/译	机械工业出版社	2018	解答企业在复杂、不确定的环境下进行数字化转型时应如何开展有效决策等问题,从而形成新的决策风格
《论领导力》	[美]詹姆斯·G.马奇、蒂里·韦尔/著,张晓军等/译	机械工业出版社	2018	数字化转型不只需要领导力,更需要变革领导力
《穿越周期:数字化转型与动态能力》	唐兴通/著	华龄出版社	2023	数字化战略能否落地,关键在于组织是否具备数字化能力。书中给出了清晰的组织数字化能力模型
《创新的扩散》	[美]E.M.罗杰斯/著,唐兴通、郑常青、张延臣/译	电子工业出版社	2016	解决数字化转型如何能稳定下来,并成为新制度、新常态的方法论与模型,特别推荐
《模仿律》	[法]加布里埃尔·塔尔德/译,何道宽/译	中信出版集团	2020	解决组织内外互相模仿与社会学习下数字化转型渗透与传播的问题,让数字化转型自己运行起来

附录　数字化战略与实践推荐书单

续前表

作品名称	作/译者	出版社	出版年份	推荐理由
《种子用户方法论》	唐兴通/著	机械工业出版社	2019	解决新业务、新流程、新变革、新产品推不动的方法论模型。数字化转型要想成功，种子用户思维少不了
《精益创业：新创企业的成长思维》	[美]埃里克·莱斯/著，吴彤/译	中信出版集团	2012	MVP与PMF是解决数字化如何探索等问题的极佳工具
《OKR：源于英特尔和谷歌的目标管理利器》	[美]保罗·R.尼文、本·拉莫尔特/著，况阳/译	机械工业出版社	2017	数字化时代，帮助组织解决如何有效激励和管理知识型员工等问题
《态度改变与社会影响》	[美]菲利普·津巴多、迈克尔·利佩/著，邓羽、肖莉、唐小艳/译	人民邮电出版社	2018	数字化转型需要企业内外部以及上下游参与者的态度改变与行动。如果想了解如何影响他人以及自己如何被他人影响，津巴多的这本书不错
《新企业文化：重获工作场所的活力》	[美]特伦斯·迪尔、艾伦·肯尼迪/著，李原、黄小勇、孙健敏/译	中国人民大学出版社	2015	数字化转型推不动、不落地，往往是企业文化出了问题。想成功，需要有策略地改变组织文化

续前表

作品名称	作/译者	出版社	出版年份	推荐理由
《增长黑客：如何低成本实现爆发式成长》	[美]肖恩·埃利斯、摩根·布朗/著，张溪梦/译	中信出版集团	2018	数字化时代，用户增长与市场裂变的方法论。向硅谷学习，增长黑客思维必不可少
《引爆社群：移动互联网时代的新4C法则》	唐兴通/著	机械工业出版社	2023	数字化时代营销传播学的方法论。从场景、社群、内容、连接的4C角度解析指数级增长的可能性与模型
《双重转型：如何重新定位核心业务并实现颠覆性创新》	[美]斯科特·D.安东尼、克拉克·G.吉尔伯特、马克·W.约翰逊/著，慕兰、啸程/译	人民邮电出版社	2021	组织应对老业务与数字化业务之间的纠葛的策略

关于数字化转型在数字新科技层面的应用的作品

作品名称	作/译者	出版社	出版年份	推荐理由
《图解物联网》	[日]NTT DATA集团/著，丁灵/译	人民邮电出版社	2017	在数字化转型技术层面，物联网是关键。了解5G和物联网在商业模式和经营中的应用，这本书是不错的入门级读物

附录 数字化战略与实践推荐书单

续前表

作品名称	作/译者	出版社	出版年份	推荐理由
《区块链革命：分布式自律型社会出现》	[日]野口悠纪雄/著，韩鸽/译	东方出版社	2018	站在社会与商业层面了解区块链的入门级读物
《大数据时代》	[英]维克托·迈尔-舍恩伯格、肯尼斯·库克耶/著，盛杨燕、周涛/译	浙江人民出版社	2012	数据的收集、传递、处理能力是企业赢得未来的关键。这本书是帮助你更好地理解大数据的发展和逻辑的入门级读物

关于企业数字化转型案例的作品

作品名称	作/译者	出版社	出版年份	推荐理由
《刷新：重新发现商业与未来》	[美]萨提亚·纳德拉/著，陈召强、杨洋/译	中信出版集团	2018	从组织心智模式、业务创新等角度分析微软公司如何自我刷新并获得新增长
《谁说大象不能跳舞》	[美]郭士纳/著，张秀琴、音正权/译	中信出版集团	2015	数字化转型是一次特殊的转型与变革，IBM公司成功转型的案例或许可以给你一些启发

续前表

作品名称	作/译者	出版社	出版年份	推荐理由
《七次转型：硅谷巨人惠普的战略领导力》	[美] 罗伯特·A.伯格曼、韦伯·麦金尼、菲利普·E.梅扎/著，郑刚、郭艳婷等/译	机械工业出版社	2018	介绍了惠普公司的七次转型过程和CEO领导力，你可以看到推动变革与增长在实际执行中的突围

北京阅想时代文化发展有限责任公司为中国人民大学出版社有限公司下属的商业新知事业部，致力于经管类优秀出版物（外版书为主）的策划及出版，主要涉及经济管理、金融、投资理财、心理学、成功励志、生活等出版领域，下设"阅想·商业""阅想·财富""阅想·新知""阅想·心理""阅想·生活"以及"阅想·人文"等多条产品线，致力于为国内商业人士提供涵盖先进、前沿的管理理念和思想的专业类图书和趋势类图书，同时也为满足商业人士的内心诉求，打造一系列提倡心理和生活健康的心理学图书和生活管理类图书。

《6T 新思维：5G 时代的企业数字化转型与管理之道》

- 深刻剖析 5G、AI 赋能下的企业数字化转型新模式。
- 用"6T 新思维"（IT、CT、OT、PT、ST、MT）助力企业利用新技术前瞻谋划，改变经营业态和模式，再铸辉煌。

《企业的护城河：打造基业长青的竞争优势》

- 众多业内人士、专家、学者联袂推荐。
- 揭示企业如何用宽广的护城河打造结构性竞争优势、实现长期主义的收益和基业长青的秘密。
- 外护城河是前提，它能帮助企业建立起独特的竞争优势，从众多的竞争者中脱颖而出；内护城河是关键，它能帮助企业有效实现价值获取和保护，持续获取稳定的收益。

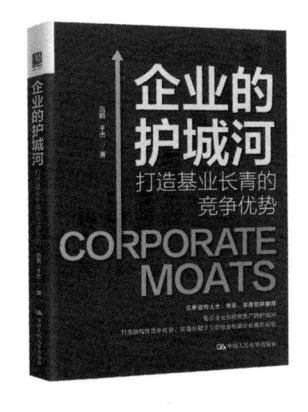

《数字身份：元宇宙时代的智能通行证》

- 一本书全面了解数字身份的前世今生。
- 解决网络空间中的"我是谁"的身份确权问题，让互联网社会有序运行的战略布局落实到位。

《未来的企业：中国企业高质量发展之道》

- 6大经济趋势、30个企业案例，全面呈现中国企业发展的未来图景。
- 面对百年未有之大变局，企业只有站在新的起点上，及时把握趋势性变化，全面转换经营的理念、思想和战略，才能走出一条契合新发展格局的新路子。

《商业模式创新设计大全：90%的成功企业都在用的60种商业模式（第2版）》

- 畅销书《商业模式创新设计大全》修订扩充升级版。
- 企业管理者、创业者、MBA课程学习者优秀的案头工具书。
- 一本书讲透全球60种颠覆性商业模式和盈利构建机制，帮你找到适合你企业的商业模式。